JN069120

新装版

きれいごと抜きのインクルーシブ教育

多賀一郎
南惠介 著

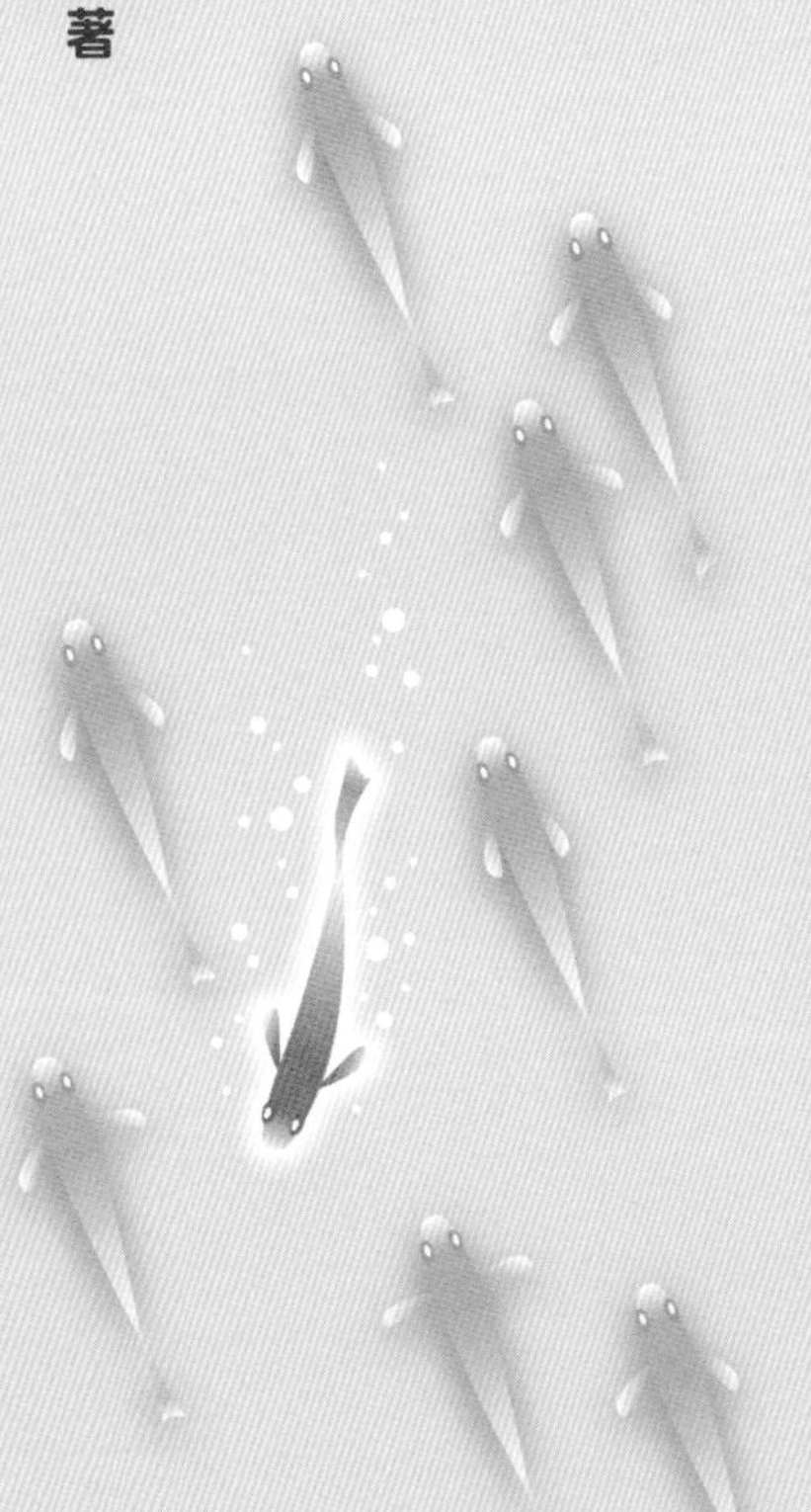

黎明書房

まえがき

僕は長年私立小学校という現場で過ごしてきました。特別支援教育とは縁遠い所で教育に携わってきたのです。しかし、ここ数年、教室での「あの子」の存在が目立つようになってきました。それは私学とて例外ではありません。いや、特別支援の視点の薄い私学の方が、対応は難しいのかもしれません。

また、いろいろな公立小学校を回ってお話をさせていただいたり、アドバイスしたりする立場から、教室の「あの子」に対する現場の苦悩を実感することも増えてきました。

僕の考えは、はっきりしています。全ての子どもたちをできる限り同じ「場」において教育することを目指しています。その信念は揺らぎません。幼い頃は一緒にいた支援を要する子どもたちなのに、いつの間にか周りから姿が見えなくなり、まるで前からいなかったかのようになってしまうというようなことは、僕には哀しい世の中にしか思えません。障碍があっても、同期の仲間として共に育つことこそが、人間としての正しい営みであると思うのです。取り出して別の所で教育するのではなく、できるだけ同じ場所で同じ空気を吸って育つのが理想です。

僕の友人で介護支援法を創始し、ご自分のお子さんが発達障碍である廣木道心さんがいつも口にするのは、

『居場所』の『場』というのは、場所のことではないんです。人間なんですよ。仲間と一緒でない所に『場』なんてないんです。」

ということです。みんなと違うから隔離して別の「場所」で教育するということは、仲間という「場」を奪ってしまうことになります。

だからこそ、インクルーシブ教育。全ての子どもたちを同じ教室で育てていくことを考えましょうということなのです。

しかしながら、学校現場の現実の前では、それらはただのきれいごとなのです。

・「あの子」が暴れても経験の浅い先生が一人で対応しなければならない。

・授業が「あの子」によって、めちゃくちゃになってしまう。

・「あの子」だけが立ち歩くことを許されて、納得できない子どもたち。
・「あの子」への言葉や体の暴力。
・「あの子」に暴力を振るわれた被害児童の保護者が、学校へ怒鳴り込んでくる。
そういうことは、日常茶飯事のようにあるのです。

その中で、先生たちがもがき苦しんでいます。毎年のように全国の若い先生方からの相談にのっています。その半数以上が、教室の「あの子」をどうしたら良いのかという悩みです。職場のフォローのない場合は、かなり精神的に追い込まれてしまうこともあります。インクルーシブ教育は、現場に疎い学者さんや特殊な環境でインクルーシブを実現できている方がおっしゃるような、そんなに簡単なことではありません。ただ単に正論を唱えるだけでは、現場の先生たちは苦悩し疲弊していくだけなのです。

その結果、いろいろな理由をつけて分離する話、つまり、インクルーシブとは逆の方向の話が出てきてしまうのです。それもまた一つの方法ではあるのですが、安易に「あの子」を別室で指導すれば良いというような考え方には与しません。


「インクルーシブであるべきだ。」

という正論を掲げて、いろいろな子どもたちを教室で育てようとしても、その負担が全て教師個人や学年に覆いかぶさってくるというのが現状です。正論は、現場の教師にとっては絵に描いた餅であって、ただただ厳しく苦しいものです。

「理論は分かるけど、こんなにいっぱいすることあるのに、もうパンクしてしまいます！」という本音の声は、正論を前にしたとき、なかなかあげられません。

そこで、本著では学校現場の実態を本音のままに示し、そこから出発してインクルーシブ教育を考えていきます。実態を出すだけでは生産的ではないので、解決法も同時に考えていきます。

さらに、僕は親塾を開いて保護者の思いを聞いたり、発達障碍のお子さんを持つ保護者の方々と話したりする機会も多いのです。そうした保護者の本音というものも取り上げていきます。きれいごとではなく、正論にはぶつけにくい生の声というものも、「あの子」の側からだけでなく、逆の立場からの本音も聞きましょう。それらを突き合わせてこそ、本当にインクルーシブ教育をどうしていけば良いのかという手立てが見えてくるのだと思っています。

僕と同じ考えを共有できる現役教師で、特別支援も経て「教室のあの子」への対応の仕方などを実践研究している南惠介さんには、彼の「あの子」への取り組みや、その取り組みから感じたことについて、思いのままに語ってもらいました。彼は今、もっとも注目すべき実践家の一人だと思っていますし、何よりも、僕にはない「教室のあの子への手立て」をきちんと持っている方だと思います。

インクルーシブ教育は、多様性を認め合う教育だと思います。この本には僕と南さんの考えがつまっていますが、別の考え方の方もいらっしゃることでしょう。多様なものがあってこそのインクルーシブ教育です。この本をきっかけにして、前向きな議論が進むことを望んでいます。

多賀一郎

目次

目次

第二章 「あの子」に悩む先生たち

第三章 「あの子」と保護者のこと

第一章　「あの子」のいる教室
――現場の実態から

いろいろな原因により、教室でみんなと一緒に学びにくい子どもたちがいます。教室の「あの子」とも呼ばれています。ＬＤ児、ＡＤＨＤ児、自閉症スペクトラム児等をまとめて表現した言葉です。特別支援学級ではなく、「普通学級」にいて、苦しむ子がいます。教師も対応に苦慮しています。周りの保護者の無理解もあります。

特別な支援が必要だと言われる教室の「あの子」。その子たちを取り巻く状況は必ずしも幸せとは言い難い状況があります。その一方で、その子の前で右往左往しながら、悩み続けている多くの先生の様子を全国のいろいろな場所でうかがい知ることがあります。

「地域の学校」で、今どんなことが起こっているのでしょうか。そして、どのように考え、どのように子どもたちを見取るのでしょうか。そしてその見取りをもとに環境を整えたり、関わったりしていけばいいのでしょうか。

まずは『「あの子」のいる教室』と題して、「あの子」を巡っての教室でよく見られる様子を綴っていきたいと思います。

1　こういう姿を見ませんか？

①キレるあの子

他の教室に聞こえるような声で怒号が響き渡ります。それに呼応したように、教師の声も響いています。となりの教室にまで響き渡るような声です。

周囲の子は「またか」とうんざりしていたり、もっといけいけと乗っかっていったりしている子もいます。

「うるせえ。」「ばか。」「死ね。」

聞くに堪えない暴言が飛び交います。

「この子さえいなければ。」

教師の心の中の声なき叫びが聞こえてきそうです。

ただ暴れるだけでなく、ものが壊れる。他の子に怪我をさせる。

「ああ、今日の放課後も家庭に連絡をしないと。」

若い先生は、日々の授業をするだけでもいっぱいいっぱいです。

そんなとき、ちょっと立ち止まってみましょう。好きこのんでキレる子はいません。それが証拠に、興奮して涙を流しながらキレている子がいるではありませんか。

キレている子は、不安なのです。

あるいは、これからどうなるのか、何がどうなっているか分からなくて緊張しているのです。

その不安や緊張の「もと」に早く気づいて取り除いていくことで、その「キレ」は減っていきます。

②こだわりのあるあの子

ふと気がつくと唇をかみしめて涙を流して固まっている子がいます。

「そろそろ○○しようよ。」

そう促しても、石のように固まってしまっています。放っておく訳にもいかず、何度も声をかけるけれど動く気配すらなく、逆にぎゅっと手を握りしめ、一層体を堅くします。

言っても言っても、いや言えば言うほど、その子の頑なさはより強さを増していきます。

周囲の子の視線が気になります。授業も進めなければなりません。いったいどうすればいいんだろう。途方に暮れて、その子を見つめるしかできることがありません。

そういう子どもたちは自分の中にストーリーができあがってしまっていることが多いのです。一度その子の話を聞いて「何をするつもりだったのか」「何がしたかったのか」を知ることが必要です。

そして、「じゃあ、どうしたい?」「次は何をしようか」と問いかけ、「○○がいいんじゃない?」と「新しいストーリー」を緩やかに作り出すようにします。そうすることで、こだわっている状態から少しだけ早く、そしてお互いに納得して進むことができるようになります。

③ 空想に入るあの子

ふと気づくと、窓の外をぼんやり見ています。ときに手をひらひらさせながら、ときに右手と左手で空想の中の戦いを繰り広げながら。

おとなしいことが多いため、気づかない先生には全く気づかれていません。にやにや笑いながら、あるいはどこかを見ながら独り言をつぶやき続けている子もいます。

「○○さん」そう呼ぶと、

「あ。」

そう言って、自分でもびっくりしたように前を向きます。本当に気づいていないようです。

ただただ、その子は自分の中の空想の世界に入り込んでいるのです。

その子は「今」空想に入らないといけないほど、「その状態から逃れたい」と見ることができないでしょうか。その正体はやはり「不安」や「緊張」だったりするのです。

大きな式典などでよくそのような様子を見ます。

「この式は何時何分に終わるのか。」「この式では何が行われるのか。」

こちらは分かっているつもりだけれど、その子にとっての「曖昧な物事」をはっきりさせる。そうすれば、不安や緊張からは少しだけ解放されることは多いのです。

④勉強のできないあの子

本を読ませると読めないのです。計算をすれば、どうしてこんなに答えが違うのかと驚くような間違え方をします。何をどう教えても、できるようになりません。

「やる気がないんだよ。」

「怠けてるんだよ。」

周囲の先生からはそう言われます。時々教室に入る先生には、「しっかりしろ」と叱られますが、それでもできません。文字もぐにゃぐにゃしています。罫線を越えたり、マスをはみ出したりすることがその子の「普通」です。

どうやったらできるんだろう。いくら頭を悩ませ、声をかけてもなかなかできるようになりません。

そもそも文字が読みづらい子がいるのです。見えている世界が違うかもしれない。その世界では隣の文字と重なって見えているかもしれない。

大きく拡大しコピーした教科書を使ったり、板書の文字を大きくしゆったり書いたりすることで読みやすくなることがあります。

また、隣の文字が重なって見えないように横の文字を隠すための紙を渡すことで読みやすくなるかもしれません。読んで理解させるのではなく、教師が口頭で伝えることを多くすることも有効だと考えられます。

早く気づき専門機関との連携ができれば、より適切な対応が望めます。そうすれば、もっと楽に学習に取り組めるかもしれません。

ただ、はっきりしているのは、勉強のできない「あの子」は「怠けている子」「できない子」ではなく、もしかしたら学力以外の問題のせいで、苦手になっているのかもしれないと考えることが大切です。

⑤ 自分を傷つけるあの子

何が起こったのか、気がつくとその子は自分の髪の毛を抜いています。納得できないことがあると、自分の手に爪を立て血が出るまでぎゅっと握っています。「やめなさい」と言えば言うほど、さらに力が入り血がにじんできます。

「あの子」の中には、外に向かっての不適切な行動ではなく、内に向かう、つまり自分に向かう不適切な行動を示す子もいます。

不安や緊張が過度になると、そのような行動につながることがあります。

安心させるような言葉がけや対応、そしてそもそも不安や緊張を感じさせないような見通しの持てる環境づくりや、理解しやすい情報提示、柔らかい人間関係づくりを心がけることでその行動は減っていきます。

そして、何よりもその心情に対して共感し「大丈夫」と伝えていくことが、後のその子の人生を支えていくことにもつながっていくのです。

⑥ 泣きながら友達を殴り続けるあの子

「このやろー。」

大きな声がしてけんかが始まりました。けんかをしているのですが、なぜか殴っている子の方が泣いているのです。感情がコントロールできないようです。そう言えば、その子がにっこり笑っているのを見たことがありません。口の片方が引きつったように上がって笑っているのです、いつも。

そもそも感情のコントロールがその子にとって難しくなっているのかもしれません。私たちが想像しづらいくらい、自分でもどうしようもなく簡単にキレてしまう。あるいは、「悪いこと」に対するハードルが極めて低い。

それもまた、単に「性格」的な問題ではなく、安心できない、信じ切れないことが積み重なった「結果の姿」なのかもしれません。

包み込むような安心感が、少しでも今より生活のどこかで増えてくれれば、もしかするとその子の状態は変わっていくかもしれません。

⑦ つい喋ってしまうあの子

先生が話し始めた瞬間、喋り始める子、説明し始める子がいます。

「ここの説明はね」そう教師が言葉を発し始めると、「あの子」が間髪容れず「先生、それはね」と話し始める。「問い」に対して答えをいきなり言ってしまうため、先生はその子を「困った子」と考えてしまうことがあります。特にキャリアの浅い先生、自分の思い通りに進めたい先生は、そういう子を「困った子」だと認識しがちです。

例えば、「これから読書感想文の書き方を説明するからね」と教師が言うと、次の瞬間「知ってる」と、その子は言います。それならまだしも、「今日は、三角形の面積の公式を求めます」「あ、それ知ってる。底辺×高さ÷2だよ」と、答えを言ってしまう場合もあります。いろいろな教室で見かける「あるある」でしょうか。

「授業は子どもとの対話である。」

そう捉えると、このような発言を活かし、より豊かな学習につなげていくことは可能なのですが、「自分の見通しで」「自分が話し続けていないと」安心できない先生もまた多いような気がします。「説明して分からせる」という手立て以外を持たない先生も多いでしょう。

そういう先生は、子どもの望ましくない発言をスルー（教育的無視）し、黙って聞いている子を称揚していくという「技術」を知ることで楽になっていきます。

また先の、三角形の面積の公式の発言をもとに「いいこと言ったねえ。それどういうことか、説明できる子いる?」とその子や周囲の子に詳しく説明させようとするなどして対話的、協同的に授業を進めていく。そのような授業を志向することで活かすことができるようになります。

もちろん、「人の話をきちんと聞く」ことを具体的に理解させ、実行できるようにした方がよいのですが、それがどうしてもできない子には、叱責し自尊感情をたたき壊すような方法ではなく、最初に「先生が指示し終えてから、話し始めていいですよ」というルールを何度も繰り返し、教えていく。「先生の指が立っているときには、話してはいけません」というように目で見て分かるルールを決めておく。そういう方法が効果的です。

「じっと話を聞くことができる」というのは、そもそもかなり高い「技能」です。「あの子」に限らず、それは難しいことだと教師が理解し、少しずつ鍛えていくべきなのです。

少なくとも、叱責し、その子が「私はそこにいない方がいいのではないか」と感じさせるような方法を中心にするべきではありません。

⑧ 立ち歩くあの子

「『ちゃんとしている』子どもがいい子どもです。」

「『きちんとしている』学級がいい学級です。」

そのような「視点」から考えると、ついつい手悪さをしてしまう子や、つい席を立って動いてしまう子は、先生にとって悩み多き存在となってしまいます。

どうやって「ちゃんと」「きちんと」「じっと」させればいいのか。

結局注意したり、促したり、叱ったりしてひとまずじっとさせる。

しかし、しばらくすると、目がパチパチパチ、手がパタパタパタ。高い声で奇声を上げる。友達にちょっかいを出し始める。そして、また動き始める。

「いったいどうすればいいんだろう。」

先生が説明し、子どもはその話をじっと聞いている。先生が質問をする。「はい」と返事をして、みんなに聞こえるように良い声で発表する。先生がその答えを黒板に書く。ああ、「本当の」教室ってこんなはずだったのに。

もしかしたら多くの若い先生方がそのような状態を頭に描いて現場に入ってくるのかもしれません。

すみません。それ「幻想」です。

子どもはそもそも活発なものです。そして、上記のような教室が本当に「かしこい子ども」を育てるための環境になっているとは限りません。しかし、多くの先生方は「ちゃんと」「きちんと」した教室を唯一の「正解」だと考えているような気がします。

知っておいていただきたいのは、「動き回ること」で、実はその後は落ち着ける状態になりやすいということです。

例えば、体育の授業や遊び時間でしっかり体を動かした後、「あの子」が落ち着いていることは多くありませんか？　そして、そもそもじっとしていることが、本当に子どもたちの学びや成長にとって有益なのでしょうか。

話し合い活動を可能な限りとる。

突然「10回ジャンプしよう」と言う。

動き回って相談することを提案する。

教室で子どもたちを積極的に動かす。そういう意識があるだけでも、困っている教師も、苦戦している「あの子」たちもずいぶん楽になるのです。

⑨忘れてしまうあの子

また今日も宿題を忘れた。また今日も教科書を忘れた。また今日も体操服を忘れた。何度言っても忘れ物はなくなりません。

その都度注意し、ときには厳しく叱責するのですが忘れてしまうようです。

そう言えば、特別教室に行くときにも「あ、忘れた」と教室に戻ることもしばしば。

「もうちょっと気をつければいいのに。」

「なんで忘れちゃうんだろう。」

そう思うのですが、なかなか忘れ物癖は直りそうにもありません。

そもそも「覚えておくことがものすごく苦手な子がいる」のです。極端な話、今伝えたことも、三歩歩けば「なんだったっけ」と言い出すこともあります。

もちろんその子が「頑張って」覚えていられることもちろんあるでしょう。しかし、例えば「車いすの子に階段を上りなさい」というのは極めて難しいことではありませんか？　もしかしてその子にとっても「覚えておく」ということは、車いすの例と同じように極めて難しいことなのかもしれません。そう考えると、毎回叱責したり、マイナスの評価をしたりしてその子のやる気や自尊感情を折るよりも、どうしたら忘れ物が減るかを一緒に考え、励ますことの方が有意義でしょう。そしてそうすることで少しずつでも忘れ物が減るのではないでしょうか。

⑩ 片付けられないあの子

道具箱の中はぐじゃぐじゃ。ロッカーの中もぐじゃぐじゃ。机の上もいつの間にかぐじゃぐじゃ。よく見ると前の時間の教科書やノートも残っています。

「資料集出して。」

そう言うと、もぞもぞごそごそ。いつの間にか机の中のものを全部引っ張り出して確認しますが、結局見つからなかったようです。どこに何があるのか分からず、ずっと捜し続けています。

「○○君、見つかった?」とその子を待っている間に、他の子は手持ち無沙汰になってざわざわし始めます。

「ああ、早く見つけて。」「どうしてもうちょっときちんとできないの?」

心の中でそうつぶやきながら、その子の資料集を一緒に捜しています。

何がどこにあるか。何をどこにしまうか。それくらい普通は分かるでしょ、と教師は思うことでしょう。片付けが上手とはいかなくても、それなりにやる気になれば片付けなんてだれでもできるでしょ、と。

しかし、現実的に「何をどこにしまうのか」「何がどこにしまってあるのか」「ものがたくさんありすぎて（あるように思えて）、もうどうしたらいいか分からない」。

簡単そうに見えるけれど、「あの子」たちには、物を片付けることがとてつもなく難しいのです。

どこに何をしまえばいいかがもっとはっきり分かれば。しまうときに一つずつ具体的に教えてくれれば。隣の子が「あの子は整理整頓が苦手だ」と理解し、助け合う文化があれば。そもそも「あの子」自身が笑い飛ばしながら「苦手なんだ」と言える雰囲気をつくり、そしてそう言える勇気を持たせてあげることができれば。きっと「あの子」も楽になれるんだろうと思うのです。

⑪ 指示が分からないあの子

「教科書を開きましょう。」

そう指示すると、「え、何？　どこ？　何を？」

「もうちょっとしたら次の活動に移ります。」

そう言えば、「え、いつまで？」「次のって何？」

「ちゃんとしなさい」と言ってもいつまでたっても、良い姿勢にもならなければ、前を向いて話を聞けるようになるわけでもありません。

「きちんと座って。」

何度もそう伝えるのですが、あっちを向いたりこっちを向いたり。言っていることを聞いていないのか、言っていることが分からないのか。どうしてできないのか、指示する教師にとっても分からないのです。

何ページとはっきり伝えてくれれば分かるのに。あと何秒と教えてくれれば、頑張れるのに。とその子は思っているかもしれません。いや、そもそもなんで自分が分かっていないかが、分からないのかもしれません。

教師は「自分が『何が分からないかが分からない』子もいること」を頭の片隅に置いておかなくてはなりません。

（南　惠介）

2　見えていないが、困っている

①目立たないあの子

何十人もいる教室。元気な子もいれば、落ち着かない子もいます。

「ちゃんとして。」「話を聞いて。」

その若い先生は、そう注意しながら授業を進めるので精一杯。

ふと、気づくとその子はじっとしているのです。じっとこちらを見ているのです。おとなしくしてくれているその子は、その先生にとっては癒やしのような存在です。

でも、テストをしても点数は低く、発表をする姿は見たことがありません。質問しても、じっとだまっています。みんなの前で何かを発表するときも、そう言えばなかなか声が出ません。でも、その子はおとなしいのです。目立たないのです。

教師自身が困るようなこともないので、支援されることもなくそのままにしています。教育現場は人が想像するよりはるかに忙しい。本当に。しかしだからこそ、そういう子に目を向ける時間は意図的にとりたいのです。

先生に迷惑をかける子だけが大切な子ではありません。先生に対して目立たない子も大切な子なのです。そして、目立たない子が表には出さないけれど、実は大きな困り感を持っていることは少なくないと私は感じています。日記を日常的に書かせていく中で、その子の本当の願いや内面の葛藤に触れることもあります。

そこにもまた特別な支援が必要な「あの子」がいるのかもしれません。

教師には目立たない「あの子」を見つけ、適切な支援をすることも必要なのです。

②隠れる子

「〇〇ちゃんがいない」と気づくのに時間はかかりません。また、いつもの場所かしらと捜しに行くと、やっぱりいます。

「ああ、ここにいたのね」と声をかけて教室に連れて行きますが、気がつくと狭く暗いあの場所に座っています。

「静かだから落ち着くんだ。」

そう言っていつもいなくなります。

「変わった子。」

そう考えるのは簡単だし、楽です。ただ、何の理由もなく好きこのんで一人で狭くて暗いところに行くのでしょうか。もしかしたら「避難」しているのかもしれません。見つけてもらうのを待っているのかもしれません。そして、本当に集団の中で生活するのが苦手なのかもしれません。

そう考え、その子を見つめ直してみると、単に「変わった子」と捉えるのとはまた違った見方と関わり方ができるのではないかとも思うのです。

③　まじめすぎる子

他の子がふざけているときに「今、〇〇するときでしょ」と突然怒り始めました。きまりがあれば守る。守らない子がいれば、いらいらしているようです。

「あと、５分で全部終わってね。」

５分がきました。その子がなんとか終わらせようともがいている様子が見えたので、「いいよ、ちょっとくらい」と言っても、鼻息を荒くしながら目に涙を浮かべています。

きちんとしなければ気が済まないのです。白か黒か。勝つか負けるか。間の「グレーの世界」があることが想像できない。ときと場合によって許されることがあるということが分かりづらい。

それは理解できないその子が悪いわけでも、駄目なわけでもないのです。苦手なことは教える。「間」があるなら「ここまではいいんだよ」と妥協点を伝える。

すぐには理解できないかもしれないけれど、ちょっとずつちょっとずつ分かるように伝えていくことで、もしかしたらその子も「まあ、いっか」と思えるようになるかもしれません。

④　汚い言葉を使う子、丁寧すぎる言葉を使う子

「ばかばか！」「死ね死ね！」「うんこうんこ！」

汚い言葉を連呼しています、うれしそうに。「そんな言葉使っちゃ駄目でしょ」と教師や友達が言えば言うほど、連呼します。

その一方Aくんは、いつも丁寧な言葉遣いです。でも、たまに丁寧すぎるなと思うこともあるのです。だって、友達に対してもいつも丁寧な敬語なのですから……。

Bくんが友達ともめています。

「まねばっかりするんだよ」と怒り心頭です。よく聞いてみると、友達の言っていることのオウム返しばかり。しかし、その困っている顔を見るとふざけているわけではないということが分かります。そういう適切でない言葉や表現は、わざと使っているのでしょうか。

彼らの状態を見ても、決してうれしそうなわけではなく、切羽詰まっている感じすらするときがあります。人は不安や緊張を伴うと自分では思ってもいない言葉を出してしまうことがあります。

また、どの人にどのように言えば失敗しないかと不安になれば、一番安全な言い方を選ぶでしょう。

自分の頭の中に言葉があっても、口に出す言葉が見つからなかったり、不安になればもしかしたら相手の言葉を確認するしかないかもしれません。

「あの子」たちが、そういう言葉しか出さない、出せない背景は何でしょうか。もしかしたら、私たちが思いも寄らないところで、困っているのかもしれません。

⑤ チックのあるあの子

目をぱちぱちさせる子がいます。首をぴくぴくさせるあの子もいます。目を白黒させるあの子もいます。爪をかむあの子がいます。風邪でもないのに、ずっと咳払いをしている子もいます。

何度も何度も繰り返されるちょっと変わった行動。注意していいのやら、悪いのやら。実はなんどか注意してみたものの、逆に増えてしまうケースがあります。このような一見奇妙に見えるその行動を「チック」（チック症、トゥレット症候群）と呼びます。

大きなストレスを感じ、不安や緊張にさいなまれている可能性はありませんか。こちらが「たいしたことがない」「何が問題があるのか分からない」そう思っていても、感じ方は人それぞれ。大人よりも遙かに感受性のアンテナが高い子がいます。

「何か困っていることない？」

その一言が、もしかしたら結果的にその行動を減らす可能性があるのです。

「大丈夫だよ。」

にっこり笑ってそう伝えることが、「あの子」の心をほぐすかもしれません。

⑥ぎこちない子

体育の授業。前回りをしても、バッタンバッタンと倒れるように回ります。背中が突っ張っていて、なめらかに動けないのです。

「おへそを見るんだよ。」「背中をボールのように丸めるんだよ。」

そう伝えても、バッタンバッタン。鉛筆を持たせても、ぎゅっと握りしめて、力の調節ができにくいのです。他の子に効果のある指導言もその子には効果がありません。

そもそも強張っている。体だけでなく、顔も。肩もぐっと上がっている。

何に緊張しているんだろう。何が彼を恐れさせているんだろう。もしかしたら、その時間だけのことではないかもしれません。それまでの学校の時間の中で、彼を強張らせているものは何なんだろう。

「がんばれ」「上手にするコツを教えるよ」と励ます前に、「緩める」「安心させる」ことが、必要な子どもたちがそこにいるのです。

⑦ 負けられない子

鬼ごっこのときに、またあの子が怒っています。

「ずるした。また、ずるした。」

「ずるじゃないよ。」「追いつかれただけだよ。」「何で怒ってるの？」

周囲の子が口々に言いますが、その子は聞きません。

「〇〇君はずるい。今のは無し！」

大泣きをして、どこかに行ってしまいました。Aくんは、超がつく負けず嫌い。じゃんけんをしても、怒って泣くことがあるのです。ちょっとくらいいいじゃないと思っても、そのちょっとは彼には我慢ができないようです。トラブルがあったときにも、謝ることはありません。

「『ごめんね』って言えばいいだけだよ」と促しても、頑として譲りません。

「〇〇君が悪いんだ」と譲りません。

勝つか負けるか。白か黒か。0%か100%か。もしかしたら、「勝ち負け」は彼らにとって自分の存在意義そのものを失うような感覚になってしまっているのかもしれません。

「負けても困らない経験を。」「謝ると後で幸せが感じられる経験を。」「0%から100%の間にたくさん数字と可能性があることを。」

そういうことを伝え、感じさせ、体験させることの積み重ねで「白と黒の間の柔らかなグレーの世界」が感じられるのではないかと思います。

負けても自分の存在が否定されないことを知り始めると、その頑なな態度は少しずつほぐれていきます。

⑧過敏な子

あ、靴下が片方だけ落ちている。また、あの子、脱いでそのままだな。でも、どうしていつも片方だけなんだろう。

シャワーで泣いてしまう子がいます。

「怖い。」「痛い。」

号泣しています。痛くないよ。そう伝えても、なかなかシャワーに行けません。

ちょっとのけがでも、大泣きする子もいます。大声で大げさに騒ぎ立てる子もいます。

「うるさい！」小さな音でも不快感を露わにします。

大げさなんだよ。ちょっと変わっているんだよ。

確かにそう映るかもしれませんが、「その子たちが、本当にそうしたくてしているか」と考えてみてください。したくてしている訳ではないことは、「そうせざるを得ない何かがある」と考えてみることで、改善策が生まれます。

不安なのかな。心配なのかな。だれかに「ここにぼくはいるよ」と伝えたいのかな。

そのように考え、少なくとも泣き叫ばないような「優しい方法」を考えてみることは大切なんじゃないかなと思います。

⑨ 金切り声を上げる子

何とも不快な金切り声を上げる子がいます。

「きー！」「きゃー！」

「やめなさい」と注意しても、なかなか止まりません。逆に増えることもあるくらいです。

もしかしたら嫌なことがあるのかもしれませんが、こちらからみると大した理由は見当たりません。それでも、周りの子が顔をしかめるような金切り声を上げるのです。

「注意しても注意しても直らない。」

そういう声を聞きます。では、そのうまくいかない方法をとりあえずやめてみたらどうでしょう。「注意しない」「関わらない」ようにするのです。そして、その金切り声を上げている子の表情を見てください。不安そうな顔をしていませんか？　緊張していませんか？

その不安そうな表情を少しずつにっこり笑顔にしていくことで、きっと本人にとっても心地よくないその金切り声は減っていくのではないかと思います。


これらの行動が見られる子は必ずしも「あの子」だとは限りませんが、発達障害の傾向がある可能性があります。そして、どちらにしてもなんらかのケアが必要な子であるのです。

各地の教室で、このような子どもたちの姿が見られます。そして、その目の前でどうしたらいいのか、途方に暮れている先生の姿が見られるのです。

「どうしたらいいのか分からない。」

教師は途方に暮れている。そして、子どもたちはもっと途方に暮れているのです。


（南　惠介）

3　特別支援学校、特別支援学級の運用実態

特別支援に携わっている先生方には、本当に子どものために身を粉にしてがんばっていらっしゃる方々がたくさんいらっしゃいます。いつもそういう方々の話を伺いながら、頭の下がる思いをしています。

ところが、特別支援に携わる方々の中には、「あれ？」と疑問を抱かざるを得ない方も、ときどきいらっしゃるのです。

「特別手当がついて給料が少し上がる、複数の人数で教室につくので仕事が楽だし、休みもとりやすい……。」

残念ながら、こういう発想で特別支援に関わっている先生がいます。

また、どこで担任を持たせても、必ず保護者から文句が出るので、仕方なく特別支援学級の担当に回しているという実例もあります。基本的に人数は多い体制ですから、自分が休んでも誰かがいるのです。従って手抜き教師は手の抜き放題になります。

そのしわ寄せは全て、やる気のある誠実な教師や、新任教師にかかっていきます。こういうことを書くと、僕もたくさん存じ上げている真面目で心ある特別支援の先生方に申し訳ないですが、そういう教師がいるのは事実なのです。

ダメ教師は、普通学級だけではなく、特別支援の学級・学校にもいるということです。

■ 事例①

ある中学の特別支援学級でのことです。子どもたちが教師の高圧的な指導に怯えて、学校に行きたがらないということがありました。

具体的には、担当の先生が

「同じ中学生にできることが、お前らにはできないのか。」

と言ったり、自閉症スペクトラムの子どもに対して、

「空気を読め。相手の気持ちを考えたら、言う言葉ではない。」

「こんなこと、できないのはおかしい。バカだ。」

等の暴言を吐いたりしました。

保護者からの

「障碍のある子も健常児（ママ）と同じように一人の人間として見てもらえないのでしょうか。」

という訴えが、重くひびきます。

特別支援学級・学校の先生だからといって、子どもの特性を理解し、適切に指導できる方ばかりではないということです。

もちろん、立派な方もたくさんいらっしゃるのですが、保護者も子どもも傷つきやすい状態におかれていますので、それなりの見識と技術を持った方が揃うべき場所なのに、そうなっていないという現状があるということですね。

その結果、心ある先生方が後始末をしたり、共同責任で攻撃されたりということさえあるのです。

■支援員という制度

支援員という形で「あの子」に寄り添う先生（?）がいます。学級に入って、「あの子」のそばに座って「あの子」を支えてくれるのです。全国津々浦々で見かけることができます。

しかし、この制度も問題が多いのです。

◆人手不足と必要性の線引き

ともかく人手不足です。そもそも教室の「あの子」は、グレーゾーンの子どもたちとも呼ばれ、どの程度から支援員が必要となるのかという線引きがなかなかできません。また、同じような資質の子どもであっても、担任によって必要であったりなかったりしますから、毎年これだけの人員が必要だという確定的な数字も出せません。人員確保が初めからできないということなのです。

さらに、報酬が多いわけではないので、安定的に支援員を雇うことができません。

予算の限られている範囲で考えなければならない上に、なり手の確保に苦労するというのが、実態です。

◆支援員の質と制度的な疑問

支援員は、教職経験者であったり、学生であったり、教職予備軍（採用試験を受けている若手）であったり、さまざまです。特別に技術や経験を持った方だとは限りません。子どものために親身になってがんばってくれる支援員さんもいれば、怒鳴りつけたり子どもをにらみつけたりする方もいらっしゃいます。

また、支援員になるための研修も時間と費用をかけてきっちりと行われているわけではありませんから、最低限の支援員教育がなされているかは、疑問です。

支援員という制度は、担任の教師にとっては、「あの子」を一時的に見てもらえるありがたい制度です。しかし、どこまで「あの子」だけのために費用をかけられるのかという財政的なことも、同時に考えなければなりません。今の形でどこでもまんべんなく続けられることだとは、僕には思えないのです。

（多賀一郎）

4　障害者差別解消法を現場でどう考えているか

代表的な合理的配慮の例

・物や絵、文字など見せながら、短いことばや文章で話す
・疲労や緊張などに配慮し別室や休憩スペースを設ける
・吃音など話し言葉に苦手さがある場合は、急がさずに丁寧に話しを聞く
・感覚過敏がある場合は、たとえば机・いすの脚に緩衝材をつけて教室の雑音を軽減する
など、音や肌触り、室温など感覚面の調整を行う

（内閣府「発達障害の合理的配慮」）

「合理的配慮」というものをどう捉えるのかということについては、学校現場を回っていて、捉え方がまちまちなことに気づきます。学校というところは、法律を解釈していくことの苦手な場所だと思います。典型的な例をあげると、中学の部活動です。法的な根拠が全くないことなのに、当たり前のように行われています。僕はそのこと自体に批判はありませんが、欧米ならあり得ないことですね。法律とは別の原理で動くのが学校現場なのです。

スロープをつける等の設備としての合理的配慮ははっきりしているので、どの学校でも考え

るし、保護者と話し合って合意することは比較的可能です。

しかし、「あの子」に対する指導の仕方が合理的配慮を欠くとは、どういうことなのか？　合理的配慮を欠いたらどうなるのか？　ということまでは、現場の教師たちは考えていないことが多いようです。

「立ち歩いていたら、びしっと怒鳴りつけて座らせろ。」

と豪語する父性の強い教師は、怒鳴りつけられて怖いから不登校になる子どもが出たとき、どうするのでしょうか。

「あの先生が怖いから学校にいけない。」

と言われたら、どうしますか。どこにも合理的な配慮はないですよね。一つ間違うと訴えられかねないです。

そういうところをきちっと研修しておかないといけません、保護者の方は法律をよく御存じなのですから。

学校の研究授業の学習指導案には「あの子」に対する指導を書きましょうと、いくつかの指導校では話しています。学校としてメンタルな合理的配慮にも心配りしているという姿勢を見せるのです。


（多賀一郎）

第二章　「あの子」に悩む先生たち

教室の「あの子」は見た目が変わっているわけではありません。目に見える障碍には人は優しいものです。「ちょっと変わった子」「少し違う子」ぐらいの捉え方をされるから、周りは「あの子」に手厳しくなります。周りの子どもたちの理解、保護者たちの理解はなかなかうまくいきません。

1　現場には、きれいごと抜きの現実がある――授業妨害と暴力

毎年のように何人かの先生方からの相談にのっています。年間指導に入っている関西の十数校でも相談があるし、各地のセミナーで出逢った若手からも、たくさんの悩みがきます。

その若手たちの悩みの中で、最近特に多くなったのが、発達障碍の子どもたちの存在による悩みです。この本ではきれいごと抜きで話しますが、現場の先生方は本当に悩んでいます。日本中のあらゆる学校で問題になっています。例えば、兵庫県の北部の小規模校へ行かせていた

だくときがありますが、そういう話になると、

「多賀先生、十二人いて、二人がそうだったら、大変なんですよ。」

と、おっしゃいます。なるほど、人数が少ないと、「あの子」同士の距離も近くなって（距離が近いと影響し合って、状態が悪くなることは、よくありますね）、加配も難しいですよね。

この手の悩みのない学校はありません。


インクルーシブ教育の難しいところは、理念が先走り、それを支えていく方法や理論が全く追いついていないことにあります。全ての子どもたちを同じ教室で育てていくことが良いのに決まっています。同じ所で共に生きるから、大人になって、地域で一緒に暮らしていけるんです。ちょっと変わった特性も、慣れていれば大したことではなくなります。

「何々ちゃんは、こういうタイプの子だから、あれでいいんだよ。」

と説明できて、奇異の目で見られることが少なくなるわけです。ちょっと変わったところもそのまま受け入れられるのです。

しかし、何の手立てもなく、ただ一つの場所に入れたらいいかというと、そうではありません。はっきり言って、多くの先生方は方法も分からず、ベテランにはびしっとやれと言われ、

「それは教育としておかしいんじゃないか？」と思いながらも、自分も怒鳴ってしまっていることがあるのです。

だって、隣の子どもの首を絞める子どもを、優しくは諭せませんよね。

僕が今、担任を持って、ＡＤＨＤ（注意欠陥多動性障碍）の子どもが二人いるクラスに入っても、おそらく何もできません。もちろん、一人ひとりと関係をつくるために必死でするだろうし、その子たちだけに関わって他の子を崩していくようなことはしないでしょう。

それでも、とてもとても、やっていく自信はないですね。そういう状態の中でベテランも苦しみ、一人の子どもが原因となって辞めてしまうことだって、けっこうあるのです。それが教師側から見た現状です。

① 授業妨害と暴力

一年生でも、先生の指示には全く従わないで、立ち歩いたり、授業中に大声を出したりする子どもがいます。そんな子どもはクラスにたくさんいます。

ある学校の若手からの悩みです。その子のお父さんがきて、

「どついてでもいいから、ちゃんとさせろ。」

とおっしゃるのです。暴力については、保護者から要望されても、

「断固としてできませんと言いなさい。」

と、若手には指導しています。おそらくそのお父さんはご自分の子どもにも暴力を振るっているのでしょう。

「教師もご両親も、子どもに手を挙げたら、犯罪になるんですよ。」

と言いなさいと伝えています。

また、授業がときどき妨害されたようになるので、他の子どもの保護者からもクレームがくることになります。その保護者対応も大変です。なぜなら、哀しいかな「授業妨害する子どもをなんとかしてください」というのは、クレームとは呼べないほど当然の要望だからです。

僕ならその子たちを何とかできるかというと、全く自信はありません。これまで僕はそういうときには、父性を発揮して子どもたちを抑えつけてきたのですから。従って、僕にはきちんとした手立てはないのです。

はっきり言って、学級で一番困るのはＡＤＨＤの子どもたちです。ともかく他の子どもに対する影響が大きすぎるので、どうしても制止しなければなりません。隣の子どもに手を出したら止めないといけないし、大声で何度も叫ぶと注意しなければならなくなります。立ち歩くらいまではその子の特性だとなんとか容認できても、暴力案件になってくると、そうはいきません。北海道の中学教師の堀裕嗣に

「中学ではそういうとき、どうしているの？」

と聞いたら、

「中学では暴力案件は、警察介入になる。」

と言いました。なるほど、そうですよね。しかし、小学一年生が隣の席の子どもを殴ったからと警察に通報する学校はありませんよね。

怒鳴りつけたり、強く腕を持ったりというようなバイオレンスな方法はとりたくないですが、他の方法を持っているわけでもありません。日本中で、良心的な若手教師たちが、それで苦しんでいます。「あの子」のために、学級崩壊にまでいってしまうという例がいくつも起こっています。

（多賀一郎）

2　気づかずに子どもをつぶしている

①善意の毒を知れ――ちょっと立ち歩くのもあり

教師は自分では意識しないで一生懸命に子どものためにしていることで、かえって子どもたちを苦しめてしまうことがあります。

教室で、なぜか先生や友達と目を合わさない子どもがいたら、先生はどう考えるのでしょうか。

「変なやつ。」

と思うのでしょうか。目の前で対話しているのに、顔を斜めにそらしてこちらの目を見ようともしない、そんな子どもがいたら、

「人の話は目を見て聞きなさい。」

と、注意しませんか?

そういう子どもたちの中に、目を合わせることがものすごいストレスになるという子どものいることを知っていますか?　僕は最近まで知りませんでした。従って、何人かの子どもたち

に間違った対応をしてきました。今思い出すと、心が痛みます。

目を見て話を聞くことは、人として当然だという姿勢が「善意の毒」となって、「あの子」を苦しめます。最近、オーティズム（自閉症）のイベントに参加することがありますが、夜でもサングラスをかけている人たちがいます。それは、光に敏感なことと、サングラスをかけていると目を合わさなくても分かりにくいからです。また、握手しているのに顔をそむける方もおられます。最初は
「あれ？　変なの。」

と思いましたが、今ではそれが当たり前のようになっています。

僕が昔からそのことを知っていれば、僕の教室にいた「あの子」に、もっと柔らかな指導をしてあげられたはずなのです。その子たちの思いを受け止めることはできなかったけれども、これからのみなさんには、そういう子どもたちの思いを聞いてほしい、理解してあげてほしい、それが、僕がこういう本を書いているモチベーションなのです。

どんな子どもであっても存在を認める学級の空気づくりが大切だと、僕は思うんです。存在を認めないから、いじめて排斥しようとするのです。

発達障碍の子どもたちは、ほとんどがいじめにあっています。全部と言ってもいいくらいです。先生も、されて当たり前だとどこか思っているのか、いじめを少しなら放置します。場合によっては加担したり、先生が率先していじめたりすることもあります。

「みんなに迷惑をかけてるのが、分からないのか！」

と怒鳴りつけたり

「みんなが怒るのも当たり前だ。」

と、断定したり……。

そんなクラスをいくつも見てきました。厳しい優れた先生のクラスです。いろんなことに対して、ある程度までは「ありだな」という発想を持つことが大切です。

また、みんなが同じでなくてはならないという同調圧力が強いクラスは、「あの子」にとって暮らしにくい場となります。よくＳＮＳ上で

「うちのクラスはこんなふうにみんながそろいました。」

と自慢する投稿に出会いますが、その教室には「あの子」はいないのか、いるとすればどんな思いで萎縮しているのだろうかと心配してしまいます。

「どの子にも同じことを指導する」というのは正しいことではありますが、正しいからこそ、できない子どもにとっては厳しいことになります。善意や正しいことは、逆に強力な毒になることもあるということを、教師は認識するべきです。

一人や二人くらい、先生の手助けで片付けるのもありだし、友達が手伝ってあげるのもあり。授業中に寝そべるのも、ありだし、ちょっと立ち歩くのも、その子については、あり。

それでいいと、僕は思っています。

② 躾と子どもの思いとの間《はざま》

▼事例 「びしっとやれ。甘やかすな」と言われる

ＡＤＨＤだと思われる二年生の「あの子」がいました。立ち歩く、制止しようとすると暴れるという状態でした。担任の若い先生は特別支援の経験があるので、無理せずにある程度は立ち歩きを容認していました。その結果、ようやく立ち歩くけれど暴れることはなくなってきたのです。先生との関係もできてきて、注意を聞き入れるようにもなってきました。

ところが、生活指導主任が「あの子」が教室で立ち歩いているのを通りすがりに見て立ち入ってきて、その子を怒鳴りつけて座らせてしまいました。恐ろしいのでそのときだけは、お

となしく座りましたが、その後が大変でした。

職員会議でも生活指導主任は、

「甘やかせてはいかん。びしっとやれば、ああいう子どもたちはちゃんとするんだ。オレが実例を示した。」

等と発言したのです。

担任が僕に相談してきました。悔しいけれども、自分には実績もなく結果も出せていないので、言い返せないのだと嘆いていました。その主任先生を一部の保護者も支持しているので、よけいに言えないのだそうです。

僕はこう言いました。

「その子にとって、あなたが救いなんだよ。がんばってほしいな。その子の人生において、あなたがいなくなったら、その子は地獄になるよ。」

未だに学校現場にはこうした父性の論理だけで動いている教師たちがいるのです。

三十年以上前のことです。附属の養護学校にいた友人と話していたとき、彼が言いました。

「多賀さん、附属では二つの考え方があるんですよ。その子らしくあって、その子が気持ちよく暮らせていたら無理やりきちんとしたことをさせなくてもいいという考え方と、社会の中で生きていくためにきちんと躾をしてあげるべきだという考え方なんです。」

この二つの考え方は、特別支援に携わる先生方の葛藤として長く続いてきていることだと思います。いや、特別支援に限らず、教育の基本理念としての葛藤です。すなはち、社会に適応させるために躾を厳しくするという視点と、その子らしくあるために躾は強制しなくてもいいという視点です。

前者は社会的な視点と言ってもいいかも知れません。しかし、これが危険なのです。

「いい学級」「すばらしい最高の学級」「みんなができる……」「全員がまとまった……」というようなことを多くの教師たちが目指しています。実際にそれができていると豪語する先生方がいらっしゃいます。

でも、みんながきちんとしていたり、躾のいきとどいた学級というようなものに対して、僕はいつも怖れを持っています。

それのできる教師は、できない教師を「甘いからだ」と糾弾します。でも、みんながきちんとすることに、どれほどの教育的価値があるのでしょうか。もちろん、ある程度は必要なことです。学校の大切な役割に、社会に適応できる人材を育てるということがあるのですから。ただ、この面ばかりが強調されると、教室の「あの子」はそこ（教室）で過ごしにくくなります。教室の「あの子」は、立ち歩いたり、知らん顔したり、言うことを聞かなくて自分のしたいことに集中したりします。その子たちにはその子たちなりの「そうする理由」があるのです。ただ単に行儀が悪いから立ち歩いているのではありません。何かが不快であったり、緊張して意欲が出たら変わった行動をとりたくなったりすることもあるのです。だから、一律に「躾」と称して厳しく指導することは、「あの子」をつぶしてしまう可能性が大きいのです。

しかし一方で、学校から「躾や社会のルールを守ることを教える」ことがなくなったら、どうなりますか？

躾は必要なのです。問題は、どの程度の躾をどのようにして身に付けさせるのかということと、多様な子どもたちに対して、一律の指導はどうかということにあります。

躾の目標も個々であって良いと、僕は思います。

③子どもの声を聴けているか

『あしたのねこ』（きむらゆういち文・エムナマエ絵・金の星社）という絵本があります。箇単に紹介しましょう。

捨てネコの中でただ一人貰い手のなかった変な声でなく子ネコ。危険な目にあったり、ずぶぬれになったりと、苦難の連続でありながらも、「きっと明日は幸せがくる」と思い直していく姿を描いています。イラストのエムナマエさんは盲目の画家として知られていますが、なんとなく不思議な世界です。

この絵本を西宮の先生が、ブックトークで読み聞かせしました。僕は、

「二年生にはちょっと難しいですよ。」

と、アドバイスしたのですが、どうしてもこれを読みたいんだとおっしゃって、ブックトークの最後に読まれました。

その授業のスタートから、一番前にいた男の子は床に寝転ぶ、カセットを勝手に止めにいくなど、うろうろして落ち着かない状態でした。そういう「あの子」でした。でも、まあベテランの先生ですから、適当に流して授業を上手に進めておられました。

そして、最後の『あしたのねこ』を読んだときには、驚いたことに長い話なのにその子は座って聞いていたのです。全くじゃまをしませんでした。

そして、授業の直後、その子が先生に言った言葉は、

「ぼく、この本好き。」

という一言でした。先生はとても驚き、そして喜んでいらっしゃいました。

その子どもには通じたんですよね、この難しい本が。なんだか、僕と担任の先生は涙が出ましたよ。その子、いろいろと問題行動をとって、否定されることを繰り返してきたのでしょう。そして、ほんの小さな褒め言葉や優しい言葉に救われてきたのかもしれません。

『あしたのねこ』のほんの些細なことでちょっと立ち直る姿が、自分と重なったのでしょうね。

誰かが注意しても、「ふんっ」という態度をとる子どもでした。しかし、不適切行動に対する他人の視線や攻撃を感じていないような態度を見せながらも、実は傷ついていたんだろうなあと、二人で話しました。

どの子も、心がしっかりとあって、ちゃんと感じている

んだ、ということを思い知った出来事でした。

感情を表現するのを苦手な子どもがいるんです。感情がないようにさえ、見えます。実は、そうではありません。鉄の扉の中に豊かな感情が眠っています。我々は、その扉の内側を見つめていく姿勢を持たねばなりません。

子どもたちの声を聴く手立てを持っていますか？

特に、教室の「あの子」の声は簡単には聞けません。

「ねえ、先生、聞いて聞いて。」

と近づいてくることも少ないのです。コミュニケーションの苦手な子どもが多いのですから、当然ですよね。

教師が子どもをよく見ていかねばならないのです。また、一口に教室の「あの子」と言っても、千差万別です。同じような気質であっても、表現の仕方は一人ひとり違っているものです。「あの子」はよく、ぽつりと言葉を発します、先ほどの『あしたのねこ』の「あの子」のように。しかも、一瞬です。もう一度言ってはくれません。

その一瞬で子どもの声を聞き取ることが大切なのです。

それから、仲の良い友達にだけなら、本音をぼそりと語ることもあります。また、子どもたちは先入観がなければ、「あの子」の良い所もよく見ています。

他の子どもたちからの声にも耳を傾けましょう。友達の言葉から「あの子」を理解することもできるのです。

④ ベテランがうまくいく理由

教室には空気があります。どんよりとした空気の教室には、いるだけで暗くなってきます。明るくて元気なことは必要なことです。

でも、最近の先生方の中には、子どもたちに同調圧力をかけるような空気を作り出している方がけっこういらっしゃいます。

これまでにも述べたように「全員が○○なクラス」には、そこにいるだけで苦痛になる子どももいるかもしれないのです。教室の空気が子ども一人ひとりにひびいていきます。

強権発動的なクラスでは、いつも教室によけいな緊張があります。これは子どもたちのストレスになりやすいでしょう。

穏やかで融和的なクラスでは、余裕とリラックスが生まれると思います。

そうした空気を作り出すのは、全て教師なのです。受容的な空気を教室に作ってほしいなあと僕は思います。優れたベテランはその辺りのさじ加減がうまくて、教室に穏やかな空気を自然と作り出すことができます。

また、ちょっと他の子と違った子どもがいても、干渉はしないが気にかけるというような仲間だと、楽ですよね。ベテランは、そういう仲間づくりにもたけています。

従って、ベテランのクラスでは暴れる子どもが少ないということが起こるのです。決して、偶然そうなっているのではありません。

「気にかける」と「気にする」は違うものです。

ちょっと違った言動の子どもに対して、「気にする」子どもが多いと、攻撃になったり、いじめになったりしますよね。

それに対して、「気にかける」子どもたちというのは、干渉しないけど、放っておくわけでもありません。そういう空気のあるクラスなら、発達障碍の子どもたちも暮らしやすいでしょうし、定型発達の子どもたちにとっても、居心地の良い場所になりますね。

ベテランは、「気にかける」が「気にしない」という姿勢のモデルを他の子どもたちに示すことができます。

特に言いたいのは、ベテラン教師の勘みたいなものがあるということです。

僕は年間50近くの投げ込み授業に行きますが、どの教室に入っても、「あの子」は、当たり前に何人かいます。この前は、ある市の小学校で四年生の二クラスに授業をしました。授業が始まる直前に担任の先生と大ゲンカして、担任が外へ連れ出す子どもがいましたが、多動傾向のある子だなとすぐに分かりました。その子が帰ってきてからは、僕はまるで何事もなかったようにしていました。そうしたら、普通に意見も発表してくれました。おそらく、僕は穏やかで楽しい空気を作り出そうとするので、それにのれたのだと思います。

あるときは、「書けない、書けない」と、課題を出す度に言って書かない女の子がいました。僕は、

「いいんだよ。」

と言ってそのまま進めていきました。それでも、書いてなくても発表してきたので当てたら、フリーズしてしまい、けっこうどきりとしたのですが、まあ、なんとかフォローできて最後まで発表できてほっとしました。後で聞いたら、その子は特支の子だったんですね。

言っておいてくれないんですよね、みなさん。僕がどうするのか見たいからかもしれませんが。若い先生がいきなりこんな洗礼を受けたら、もっとあせるだろうなあって、思うんです。

あるクラスでは、いきなり

「質問でーす。」

と言って手を挙げた子どもをさらりと流して進めました。参観者は驚いていたそうです。「流すのも、ありなんだ」と思ったそうです。

子どもの出方によって、瞬時に教師の勘で対応できるという力が、ベテランにはあります。ベテランの勘は、経験と学習によって得たもので、第六感のようなものではありません。若い先生が同じようなことをしても、うまくいかないかもしれません。

⑤ 父性の怖さ

学校における父性とは、ルールやマナーを守らせようとする姿勢のことで、教師は干渉したり制限を加えたりして、子どもたちを導こうとします。ときには、大声を出したり、厳しさが前面に出てきたりします。

言葉としては、「〜べきだ」「〜ねばならない」「こうでなければいけない」といった、禁止や抑制の言葉が使われます。

これは社会に適応した人材の育成という公教育の目標からみると、必要なことです。

ドラえもんは、のび太くんにとって、なんでも受け入れてくれる母性そのものです。しかし、甘やかし過ぎて、のび太くんはいつまでたっても成長しないわがままっ子だという側面があります。人が成長するためには、母性だけでなく、父性も必要なのです。

それはそうなのだけれども、父性が強く出過ぎると、暴力的で攻撃的なものになります。その結果、子どもたちが委縮してしまうというようなことが起こってしまいます。

教室の「あの子」のできないことを父性によって無理やりさせようとする姿をときどき見かけます。

「あの子」を怒鳴りつけておとなしく座らせて、

「こうしたら、ちゃんとするんだから、甘いことばかりではいけない。」

と言うのです。

確かに、甘いばかりではいけませんが、父性が強すぎると、子どもたちはすさんでいきます。強さで抑えつければ、弱いところへどんどんしわ寄せはいくものなのです。

先ほどの、甘いことばかりではいけないとする教師の厳しい指導を受けておとなしくしていた後、その子は反動のように暴れて手が付けられなくなりました。父性が強すぎて抑え込んでしまったら、必ずその後でもっと状態がひどくなるのです。

その結果、教室の「あの子」たちがどんどん追い込まれていくということが、実際にあります。

父性と母性の両輪が必要です。特に、父性に偏りがちなのは男性教師なので、自分の言動が子どもを追い込むことがあることに気づいてほしいと思います。

（多賀一郎）

第三章 「あの子」と保護者のこと

「あの子」の保護者の思いは複雑。苦しまない人はいないと言っても良いだろう。でも、本音は簡単には聞けない。表向きの言葉の裏にある苦悩を感じ取る感性がなくてはならない。声をよく聴くこと。聴こうとすること。こちらから伝えようとするよりも、まずは、教師が聴く。

1 小学校に入って気づく、さまざまな事例

僕は「親塾」というものをしていて、保護者からの相談事が学校とは別の立場で入ってきます。その立場から聞いた話をします。保護者は悩み苦しみます。学校に対してそのようには見せなくても、つらい思いをしていらっしゃる方は多いです。

◆「親塾」での保護者からの相談

ケース①

幼稚園のときから、なんとなくうちの子は他の子どもと違うような気がすると思っていたが、成長がちょっと遅いなとか、幼いなとか思っていた。ところが、小学校に入ったとたんにきちんと座っていないと叱られるようになった。先生からは「落ち着きがありません」「集中力がありません」と言われる。

授業中に立ち歩いているようだ。奇声をあげることもあるらしい。先生に注意されると、教室を飛び出していくらしい。周りの子どもたちや先生にたくさん迷惑をかけているので、心苦しい。

ケース②

幼稚園のときからちょっと乱暴なところがあった。すぐにかっとなって、手が出てしまう。小学校に入ったら収まるかなと思っていたら、ますます乱暴さが目立つようになり、友達の首をしめたり、

「ぶっ殺すぞ！」

と怒鳴ったりするようになった。他のお母さんたちから
「○○さん、なんとかしてよ。」

と言われるようになった。

いくら話し合っても、すぐにかあっとしてしまい、自分ではなかなか感情をコントロールできないようだ。

※　これらのように、幼稚園のときに気にはなっていたのだが、小学校に入った途端に問題行動として顕在化するということがあります。小学校という集団行動と落ち着いて座ること、みんなと同じ行動を求められる特殊な場に入るからこそ、表に出てくる場合もあるようです。

ケース③

自分のしたいことしかしないので、学校では通用しない。先生の話が半分も聞けなくて、授業中も別のことばかりして授業に集中していない。

どうも先生や他の子どもたちとのコミュニケーションが成り立たないようだ。

※　これは自閉症スペクトラムのタイプですよね。こういうタイプの子どもは、間違いなくいじめの対象になります。僕の知っている自閉傾向の特性を持つ子どもたちは、100パーセント、いじめを受けていました。

保護者としては、おうちで子どもを注意するしかできません。学校の先生も「おうちでも注意してください」とお願いします。でも、そんな簡単なことではないのです。気質なのですから、注意されてもなかなか変えることができません。

ケース④

高学年になって、急に学校へ行けなくなった。どこか他の子どもとは違うなとは思っていたけれども、成績はまあまあ良かったので、大丈夫かなと過信していた。

しかし、高学年になったときに、周りの子どもたちとの付き合い方に問題が起こってきたように思う。

※ 高学年の子どもが突然に発症したようになることがあります。高学年になってくると、他の子どもたちも当然成長して思春期になってきます。例えば、グループになろうとするときには、秘密を共有します。この秘密の共有が、アスペルガー系の子どもは苦手ですよね。

「このことはAさんには内緒ね」という話があったときに、Aさんには内緒にして、Aさんと仲の良いBさんならばいいだろうと考えて話します。当然Aさんに話が伝わってもめることになる。

「あの子、空気が読めないね。」

となります。

そういう子どもとはそのグループは距離を置くようになりますよね。高学年になればなるほど、空気を読まない自閉症スペクトラムの子どもは仲間から疎外されていきます。

兆候は低学年のときからあったはずですが、こういうタイプは、成績では問題ない場合が多々あるので、保護者の方も問題を感じながらも「成績がいいから、まあいいか」と思ってしまうのです。

（多賀一郎）

2 「教室にいさせてください」という言葉の辛さ

保護者の思いというものを考えましょう。

親の言葉をいろいろと取り上げます。これも一人ひとり、違うのです。みんなが同じ考えを持っているわけではありません。

◆「うちの子、発達障碍でしょうか」

親塾をしていたときに、幼稚園や低学年のおうちの方に、よくたずねられた言葉です。これだけ巷に情報があふれていたら、ちょっと他の子どもと違った行為をする子どもがいたら、「うちの子はどうなのか？」と気になって当然です。

こうたずねられたときに、教師は、どう応えればいいんでしょうか。

「大丈夫ですよ」なんて言い切っていいのでしょうか。「病院で診てもらいなさい」と言えばいいのですか。

これも個々の子どもと親の状態で判断しないといけないのですが、病院で診断されたからと言って、学校でのことは、何も変わらないということは、はっきりしていますよね。

◆「この子は絶対にちがいます」

どう見てもそうとしか考えられないのに、なかなかわが子が発達障碍であることを認めたがらない保護者がいます。

しかしそれは、当然だと思うのです。わが子がそうだと認めるまでには、葛藤がいるのですよ。周りが全員そうだと思っていても、認めたくありません。それは、認めることに対する恐怖感があるからです。

社会が本当にいろんな子どもたちを受け入れる土壌があれば、もっと冷静に我が子を見ていこうとできるのですが、今の状況ではまだまだ難しいところです。

◆「特別扱いしないでください」

特別扱いというものを嫌うのは普通の感情です。でも特別支援というのは、特別な支援をするわけでしょ。特別扱いなんですよね。

ＡＤＨＤなどで教室をすぐに飛び出していく子どもは、特別な手当が必要になります。実際、何か特別なことをするわけですから。そこは保護者には理解していただかないと、子どもが辛い思いをすることになります。

ユニバーサルデザインの授業をしたからと言って、発達障碍の全ての子どもたちに対応できるわけではありません。授業は万能ではありません。やはり、その子の特性に応じた特別な方法というものは、必要なのです。

◆「ご迷惑をおかけしますが……」

この言葉を聞くと、とても辛いです。

その子はただ、その子にとっての普通を生きているだけなのに、親はこんな言葉を使わなければならない。こういう保護者の気持ちをクラスの他の保護者にも伝えることができたら、いいのになあと思います。そういうことが可能な学校になってほしいものです。

親は、みんな、他の子と一緒に、他の子と同じように学ばせたいんですよね。

「うちの子も、他の子どもたちと同じように教室にいさせてください。」

というような言葉を使わなければならないときの、保護者の気持ちが分かりますか？

わが子が教室にいるなどということは、当たり前のことですよね。だのに、それをお願いしなければならないなんて……。

教師はまず、その思いの辛さを重く重く受け止めることから始めるべきでしょう。（だからといって、僕は、感情に流されて全ての子どもたちを一つの教室に入れなさいと言っているわけではありません。その子自身の思いも考えて、より良い選択を考えることが良いのだと思っています。）

ごくごく当たり前のことを特別にお願いしなければならない辛い気持ちを斟酌しましょうと言っているのです。そこから、保護者との対話が始まります。

（多賀一郎）

3　保護者の思いはクレームなのか？

「あの子」の保護者と学校側は、なかなかうまく対話ができません。

学校は、「あの子」のことだけを考えて教育するわけにはいきません。周りの子どもたちも「あの子」と同じように大切にする場所です。その中で、授業を妨害する行為が止められなければ、他の子への影響を最小限にとどめようと考えます。

従って、特別支援学級への転属を進めることになります。

保護者はそれを「はい、そうですか」と受け止めることはできません。特別支援学級へ移るということは、大きな抵抗を伴います。冷静に判断することはできません。

学校側は、その子にとっても他の子にとってもその方が良いと保護者を説得します。このときにきちんと対話できないので、学校VS保護者という構図になってしまいます。

これは本当に難しいことなのです。保護者は、特別支援に移るということは外されるという気持ちになります。（保護者の気持ちであって、特別支援学級は実際には子どもを隔離するような場所ではありません。）

そして、学校に対する強い要望（クレーム）となって現れます。

学校側は、

「あの子が教室にいると、先生も叱ってばかりいないといけないし、じいっとすわったままでいないといけないので、あの子にとっても幸せな状態ではないんじゃないか。」

と、考えています。でも、それは伝わりにくいので、

「親御さんは分かってくれないなあ。」

という話になります。

保護者は、決して文句を言っているわけではありません。わが子が発達障碍だと認識してい

る保護者の多くは、

「うちの子が迷惑かけて申しわけない。」

という思いを抱いています。その上で学校にお願いする心苦しさがあるのだということを、教師は考えるべきでしょう。


なりゆきで言葉はきつくなり、話し合いが戦いの場のようになることがあったとしても、子どもを愛する保護者の不安と悲しさがそうさせているのです。

「学校の先生には、分かってもらえません。」

という言葉を何度も聞きました。この言葉は重いです。

学校も保護者も「分かってもらえない」という気持ちでは、話し合いなど成立するわけがありません。


対話しなければいけないのです。対話というのは、相手の考えや気持ちを理解し合って、そこからお互いの思いを

大切にしながら、妥協点を見いだしたり生産的な次の一手を考え出すことです。自分の考えを押しつけて相手を納得するまで説得することではありません。

冷静に「あの子」の将来と現在の幸せを考えて、子どものために話し合いができないものでしょうか。

親のプライド、対面、学校の都合、教師の感情……、そういうものを乗り越える話をしてほしいのです。

そのためには、第三者が介するシステムがいるでしょう。

専門的な知識を持ち、客観的なファシリテーターになれるようなコーディネーターの方が学校にいて、子どもたちの様子を観察して事実を確かめ、話し合いが対立にならないような場を作れるといいのだと思います。

（多賀一郎）

4 暴力を振るわれた側の思いに、どう対応するのか

――「その子を教室から出してくれ」という保護者

教室の「あの子」でもっとも問題になるのは、間違いなく攻撃的、暴力的な事案でしょう。

自分の感情をコントロールできないで、他の子ども（教師にも）に暴力を振るってしまう子ど

もがいます。主にＡＤＨＤだと言われる子どもたちに、そういう事案の起こることがとても多いのです。

首を絞める、殴る、噛みつく、物をぶつける、物を壊す等の行為です。他のことであれば、長い目で見て時間をかけて取り組むことが可能です。しかし、こうした乱暴な行為は、まず止めなければなりません。止めてからでないと、次の一手の話にはなりません。

こうした行為によって、被害者が出てしまいます。残念なことではありますが、日本各地で学校や先生が困っていることなのです。

加害児童と被害児童が存在することは事実ですから、ごまかして通れません。

被害児童の保護者は、

「ああいうタイプの子どもなんだから、仕方ないです。」

とか、

「自分の子にも責任があるから……。」

とは思えません。

そのご家庭同士が以前から深く交流して分かり合っている場合を除いて、トラブルになるのは当然でしょう。

子どもが「友達に噛みつかれた」と言って帰ってきて腕を見たら、大きな噛み痣がついていたら、驚き、腹を立てます。「首を絞められた」となると、もっと不安です。学校に
「いったいどうなっているんだ。」

と、怒りの電話をかけるのは普通の感覚です。

安心して学校へやれないと思ったら、

「そんな子どもは教室から出してくれ。」

「うちの子と別のクラスにしてくれ。」

というような過激な言葉も出てきます。


こういう事案のときは、まず、被害児童の思いをしっかりと学校で聞く必要があります。安易に
「あなたが先にからかったから、あの子が怒ったんだよ。」

と、被害児童にも責任があるかのような指導は慎むべきです。

辛かったこと、怖かったこと、いやだったこと、どうしてそうなったのか……。

やわらかく聞き取っていくのです。その中で本人が、

「僕も先に手を出したから、悪いところがある。」と言うなら、その言葉を受け止めればいいのです。

加害児童についてては、体罰や怒鳴りつけるのではないけれども、厳しく注意することが必要です。

「いかなる理由があっても、人を傷つけるのは良くない」ということだけは、徹底して学ばせないといけないのですから。

被害児童の保護者とは、慎重に対応しなければなりません。学校としての対応にして、教師の個人的な対応にはしない方が良いでしょう。上司と相談して、案件を共有しましょう。その上で、事実を元にていねいな話をします。事件に至った経過を、できれば電話ではなく、直接出向いて学校側が説明することです。学校というところは、全ての児童の安全を保証しなくてはならないところです。

もちろん、加害児童の保護者には謝罪を伝えていただくのですが、これがトラブルになる場合があるのです。僕の知っている話では、

「子どものことですから、お互い様ですよね。」

と言ったために大もめになった例があります。

※　少し教師のことも付け加えたいと思います。
先生も「あの子」の被害を受けることがあります。こういう言い方をすると、

「教師が子どもから被害を受けるという言い方が問題だ。」

と言われそうですが、そういう事実はたくさんあります。学校の先生なら傷ついてもいいというのは、単なるきれいごとです。他の子への暴力を制止しようとして、噛みつかれたり殴られたりして、傷だらけで教育している先生たちがたくさんいます。精神面では、加害児童の保護者に怒鳴りつけられて落ち込んだり、「あなたの指導が甘いからだ」と先輩や上司に叱られて、ぼろぼろになる場合もあります。

僕は全国のそういう先生方のフォローをしています。いつも言うのは、

「あなたがその子にとっては救いなんだよ。」

ということです。子どもに対して一生懸命の先生ほど、ぼろぼろになっていくことがあります。


（多賀一郎）

第四章　未来志向のインクルーシブ教育

インクルーシブ教育の否定的な側面だけ議論していても仕方ない。子どもたちの未来のために考えていかなければならない。全ての子どもたちにとっての学校教育の在り方とは何だろうか？

1　将来が見えない

いつの頃からか、教室の「あの子」について考えるための活動をするようになり、障碍を持ったお子さんの保護者の方と話す機会がときどきあります。

「私が亡くなった後、この子がどうなるかを考えると、眠れなくなります。」

「自分がいなくなったとき、我が子に何を残してあげられるのか、そのことだけのために生きています。」

みなさん、口をそろえてそのようにおっしゃいます。その言葉の重さに、心が震えます。インクルーシブ教育を考えていくとき、子どもの明るい将来というものが見えてこなければいけません。

しかるに現状は、厳しいものです。

■経済的な将来

発達障碍だと診断されたときに、

「では、その子なりの将来を考えていきましょう。」

ということには、簡単になりません。

だから、保護者は、お先が真っ暗になったような気がするのです。

発達障碍だと早期に認識したら、その子に応じた教育体制が整い、そのコースに乗ったら就労までも先々の道筋が見えている、そのような社会にはまだまだなっていないからです。

発達障碍の子どもたちには、優れた能力のある子どもがたくさんいます。その子たちにきちんとした進路指導、適性に応じた就職指導が行われるということになれば、早期にそのコースに乗せていこうと保護者も考えるでしょう。

■ 社会的な将来

教室の中の「あの子」、「ちょっと変わった子」、そういう子どもたちは学校が上級に上がるにつれて次第に少なくなっていきます。地域から少し離れた別の場所へ行くことを勧められるからです。必要なことでもありますが、ある時期、地域の仲間たちから離されて大人になって地域にもどってきたら、地域の仲間たちはどう感じるでしょうか。

ずっと近くにいて同じ所で育つ仲間だからこそ、

「どうしてるの?」

「みんなと遊びに行かないか。」

などという声掛けができます。

なんらかの障碍があると診断されることは、そういう社会というものから外されていくように感じる面があるのです。

このように、未来に対する不安を払拭することはできません。このことは、一教師や学校だけががんばっても、いかんともしがたいことですが、保護者と共に考えていかねばならないことでもあるのです。

「改正発達障害者支援法」が２０１６年5月に成立しました。改正法は、就労と教育支援を強化することなどが柱で、子どもから高齢者までどのライフステージでも切れ目のない支援を目指すものです。法律が変わっても、いろいろなことがよくなるというわけにはいきませんが、半歩ずつ前進していくことを切に望みます。

（多賀一郎）

2　インクルーシブ教育の目的とは何か？

◆多様性の容認

ある方がインクルーシブ教育を語るブログで、親の見栄について、子どもの思いと重なっていないのではないかという考えを書いておられました。その内容については基本的に賛成で「その通りだ」と思っていました。

そうしたら、そのブログをシェアしてご自分の意見を書かれる方がいらっしゃいました。ものすごく否定的な書き方で、人格否定につながりかねないような発言までありました。

要するに、「この人は、分かっていない」と言うのです。親の見栄なんかで子どもの進む道を考える親なんて一人もいないと言うのです。

でも、そんな人はいるんです。僕は何人も知っています。もっとも僕は、その親の見栄そのものさえも否定しない立場に立つのです。

人間は、みんな天使の心で生きているわけではありません。親の見栄もあり、子どもをうっとおしく感じるときもあり、それらにも苦しみ、葛藤しているのが本当のところじゃないのでしょうか。障碍のある子どもも、定型発達の子どもも、ときには怪獣になったり、悪魔になったりします。親から見れば、いつも天使だというわけにはいきません。

人間とはそういう生き物だと、僕は思っています。

「あんな人には何も分からない。」

「何も知らないくせに好き勝手言うな。」

こういう「知っている人」からの言葉とは、対話することができません。対話がクローズドしてしまうのです。いろいろなことをオープンにして、普通に

「私は親の見栄なんてないと思うけど、いるのかしら、そんな人。」

「私は何人も出会いましたよ、そういう方。」

というような言い方ならば対話できるのに、残念に思います。

申し訳ないですが、特別支援関係の方の中にも、たまにそういう発言をされる方がいらっ

しゃいます。普通の学校現場の中にも、いらっしゃいます。

分かってないことはご自分にはなくて、相手にだけ分かっていないことがある、という姿勢では対話は不可能でしょう。お互いの温度差を縮める努力がないと、話なんてできません。

対話しましょうよ、否定のし合いだけなんて。そんなのつまらないじゃないですか。分かっていないというなら、分かってもらえるように説明したらいいじゃないですか。そう思うのです。

自分の考え方以外の考えを否定・排除する発想は、それ自体が全くインクルーシブではありません。多様な人たち、多様な考えを容認することがインクルーシブ教育の目的ではないのでしょうか。

◆学級づくりが将来の目標につながる

学校におけるインクルーシブ教育の基本単位は教室です。「できるだけ多くの子どもたちが教室にいられる」という状況を作らないといけません。

教室には空気があります。どんよりとした空気の教室では、いるだけで暗くなってきます。

そのような教室ではインクルーシブな教育はできません。

全員が教室にいることのできる状況を作り出すというのは、インクルーシブ教育での学級における目標だと、思っています。

でも、いまだに先生方の中には、子どもたちに同調圧力をかけるような空気を作り出している方がけっこういらっしゃいます。強制された「全員が……なクラス」、「みんなが……なクラス」というのは、そこにいるだけで苦痛になる子どもを作り出すでしょう。教室の「あの子」は居心地悪いにちがいありません。

そういう「あの子」の声を教室で聞き取れているのかなあと、不安になります。

教室の空気は、子ども一人ひとりにひびいていきます。

強権発動的なクラスでは、いつも教室によけいな緊張があります。これは子どもたちのストレスになりやすいでしょう。

穏やかで融和的なクラスでは、余裕とリラックスが産まれると思います。

そうした空気を作り出すのは、全て教師なのです。受容的な空気を教室に作ってほしいなあと僕は思います。受容的な空気のクラスだと、ちょっと違った子どもがいても、子どもたちは気にしません。

そうした受容的なクラスで育った子どもたちが大人になって、大人になった「あの子」も一緒に暮らす社会につながるのだと考えています。

また、僕は発達障碍のある子どもたち、途中まで家でも気づかれなかったオーティズムの子どもたちについての相談にのるときがあります。進学や就労など、将来への不安も大きいですが、実は、問題はそこではありません。多くの方が、通常学級でいじめに遭っています。それが原因で不登校に陥った例もあるのです。家で暴れることにもなります。

いったん、いじめのスパイラルに入り込むと、なかなか抜けられません。いじめのトラウマを持つと、ちょっとした言葉が、全ていじめになってしまいます。

「おい、早くしろよ。」

「あほか、お前。」

そんな言葉は、親しい友人同士なら笑ってすむことでも、いじめスパイラルに陥った子どもには、辛辣な攻撃へと変わるのです。

グレーゾーンの子どもたちは、

・周りとうまく合わせられない

・コミュニケーションがとりにくい
・こだわりが強い
・相手の気持ちが分かりにくい

という特性を持っているのですから、構造的ないじめが発生しやすいわけです。だからこそ、教師が心がけて観察していかなければならないと、僕は思っています。放っておいたら、必ずいつかいじめが起こってしまいます。

「ちょっと変わった子ども」は、ターゲットになりやすいものです。それは、残念ながら、動物の本能でもあります。

でも、我々は人間なのだから、動物の本能を越えて、人間らしい生き方を考えていかなければならないのです。

教師が学校での人としての砦です。

教室の人権教育が、将来のインクルーシブな社会につながるのだと確信しています。

「今を考える。今の続きにしか明日はないのだ」と考えてほしいと思うのです。　（多賀一郎）

3　支援の問題点

①怒鳴ればいいのだ

「ＡＤＨＤの子には体罰が実は一番効果がある。」

耳を疑うような言葉を聞いたことがあります。

「びしっとさせろ。」「きちんと叱りなさい。」「甘やかすから駄目なんだ。」

そういう言葉を聞くことは、さすがに現場でも減ってきましたが、心の中でそう思っている先生は案外たくさんいるのではないでしょうか。

なぜ、その子がそういうことをするのかその「背景」を探るのが特別支援の肝なのですが、今までやってきた方法から逃れられない方々もまだいるようです。ただ、実際、すごく叱る先生の前だと不適切な行動は減り、適切に見える行動が増えることがあります。

しかし、「何をすればいいか分からないけど思いつくことは全て死にものぐるいでやる」という悲壮な覚悟と緊張のもとで、その「適切な行動」が行われているかもしれないのだという意識を持っておいた方がよいでしょう。

その「緊張」がブツリと切れた場所や場面では、それまで以上の不適切な行動もまた見られるのです。いわゆる「リバウンド」と呼ばれるものです。

② 教師の支援のしすぎ、しなさすぎ

支援の方法はそれでも多くの人々に知られるようになってきました。ただ、その支援の方法が「視覚支援」に偏っているのではないかと思うことが多々あります。

例えば、「書いて示せば良い」とばかりにいろいろなものが貼られている教室や黒板があります。簡単なことで、しかも完全にルーティーンになっているものもずうっと貼られていることがあります。

しばしば学習の型として「つかむ、かんがえる、話し合う、まとめる」という掲示を見かけることがありますが、1年間同じものを貼っておかなければならないほど、「あの子」たちは理解できないのかなと不思議な気持ちになることがあります。（それ以前に、「つかむ」とか、「まとめる」という抽象的な言葉を理解するのが不得手な「あの子」たちにとって、果たして支援になっているのかという疑問はあります。）

あるいは、個別支援に入りすぎて、協働学習や学び合いの最中にもかかわらず結果的に他の

子の援助を得られないようにしているという光景もよく見られます。

支援に入ってくださっている方は、いつも一生懸命その子のためにと考えているとは思うのですが、いつも必要なわけではありません。

学級の様子や近くに座っている子の様子によっては、先生が近くにいない方が、将来もつきあっていく可能性がある同級生による支援の芽が育つことは多々あるのです。

また、ちょっとがんばればできることにも手出しをしてしまっていることもあります。大人になって、そのような状況はそれほど多くはありません。

できることだけでなく、できそうなことは時間がかかってもさせる。その結果できることが増えると、支援は減るのです。一年中同じことを支援し続けるというのは、その子を伸ばすことができない「支援」だと考えるべきです。

その一方で、大きく迷惑がかからないからと、必要な支援が行われず、成長する機会が与えられない場合も見られます。

つまり支援をしすぎても、しなさすぎても駄目なのです。

医療行為は「する」ことから始めるのではなく、まずはその患者の不調の原因が何かを「探る」ことから始まります。そして、その原因に応じた治療をするから快方に向かっていきます。

原因を探らないで、めったやたらに切ったり、薬を投与したりするのは、適切な治療とは言えないでしょう。

「あの子」に対する支援も同じだと私は考えています。

支援をすることは大切です。しかし、その子の状態はどうなのか。不適切な行動の背景は何なのか。それをまず探ることが大切です。

いわゆる「専門的な知識」をさほど持ち合わせていない先生の中に、驚くほど適切な支援をされている方がおられます。子どもの背景に目をやり、今どういう状況なのかを考え、試すことが上手な先生です。

かくいう私も、「あの子」の背景や原因を探るのに四苦八苦し、日々試行錯誤の連続です。しかし、そういう地道な取り組みこそ、本当に「あの子」を幸せに向かわせるのだと信じています。

③ラベリングで終わる

「特別支援教育」が世に広まり、「発達障害」という言葉が知られるようになりました。診断名も一般の方にまで知られるようになり、様々な場所で配慮が見られるようになりました。大きな方向性としてはとても好ましい状況です。

ただその一方で「発達障害」にも様々なバリエーション（多様性）があり、一人ひとり異なるにもかかわらず、「あの子、アスペルガーだから仕方ない」「ああ、だってＡＤＨＤだもんね」などと言われて、指導や支援が行われる前からあきらめられていると感じる子がいるのも事実です。できないと決めつけられ、不必要な支援をされることもあります。

もちろん「あの子」であることが分かっていれば、大まかな方向性の確認はでき、その子を伸ばすためのヒントを得ることはできます。

しかし、「あの子」であることが免罪符となり、「仕方ない」で終わってしまうことはないでしょうか。また、診断がついていない子まで「あの子、〇〇だよ」と勝手に診断めいたものをされ、適切な支援や指導を受けられないケースも多々あります。

「あの子」であることの先にある「一人ひとり」の原因を探ることこそが、子どもを伸ばすために、幸せに向かわせるために大切なことなのです。

④「教師にとって困ったことが起こらない」を目標にしていないか

「あの子を支援する」ことより、「教師が困ることを起こさせない」ことが、目的になっているのではないかと感じることがあります。

かつて家庭状況も複雑で、支援が必要なあの子が他校に転校したことがありました。その様々な状況を解決するために、学校内外多くの人たちも動きました。確かに大変でした。「先が見えない」という言葉が適切だったとは思います。しかしもう10年以上前になるその話の中の、担任が言った一言が忘れられません。

「一件落着。」

多かれ少なかれ、この子がいなければ……という考えになるのもよく分かります。しかし、その延長線上には「意図していない」かもしれないけれど、無意識に「排除しようとしている」からそういう言葉が出るのかもしれません。

その辺りは私自身も注意深く戒め続けなければなりません。

どうしたらいいか分からない、何をしたらいいか分からないことほどつらいことはありません。

だからこそ、方法を知ることや技術を持つことは大切なのです。

しかし、方法や技術以前に「その子を伸ばそうとしているか」「一緒にその場にいようとしているか」という問いを常に持っておきたい。その言葉を思い出すたびに心に強く思うのです。

付け足しですが、私自身は今現在必ずしも、全ての場面で一緒に学習させることがベストだとは考えていません。

その子の選択により、より個に応じた個別支援や個別学習は部分的に必要だと考えています。

⑤ みんなを「普通」にしようとしていないか

とがった部分こそが社会に出たときの「武器」になります。

「みんな同じ」ことが、社会に出たときに必ずしもプラスにはなるとは限りません。

もちろん、その人やその特性に合わせた「場の選択」は必要ですが、それでもみんなを普通にすることが、必ずしもその子の幸せにつながらないことがあります。

「ちゃんとさせる」「きちんとさせる」「普通にできるようにする」「当たり前にする」そういうことからはみ出すことを許容することは、現在の学校のシステムを考えると、決して簡単なことではないと十分分かっているのですが、それでも「ちょっと変わっているからいい」と教師が認めることで、その言動の端々に「きちんとできなくてもいい」というゆとりが生まれます。

現在の学校のシステムは、「普通の子」（そもそもその「普通」というものが正しいのかという問いもありますが）を前提に、教室を取り巻く様々な環境がつくられています。

繰り返しますが、ここで書いていることを実現するのはそんなに簡単ではありません。

でも、「あなたはあなたでいいんじゃない」「大人になったら今マイナスに思っていることが武器になるかもしれないよ」と、声をかけるだけで幸せに向かえる子もたくさんいます。

想像力が豊かで、空想にふけり続けている子は確かに「勉強を一律に教える」学校では、「普通」でもなく、「よい子」でもないかもしれません。

そして、その子を様々な方法で「普通に」していった結果、その空想癖が失われてしまうかもしれません。しかしその空想癖がその子にとっては「心の支え」、あるいは将来役に立つ「伸ばすべき資質」だったのかもしれないのです。

「普通にしたい」「普通でない方がいいかもしれない」

「あの子」への関わりは、常にジレンマを抱えているといっていいでしょう。

⑥「なんで」と問う教師

教師からの「どうしてやらないの?」「なんでできないの?」

繰り返し問われるその問いに、あの子は答える術を持っていません。

質問に答えられず、求められる行動ができなかった「あの子」は、「自分なんて駄目なやつなんだ」と、そう思うに決まっています。

「なんで」という問いの答えは、子どもと教師が一緒に考えることです。方法が提示されない叱責は、その子を途方に暮れさせるだけです。

「君はどうして仕事が遅いの?」と言われ、その対処法を自分で考えられる教師もいるかもしれませんが、「こうしたら仕事が少し早くなるかもしれない」と言われる方が、「これならできるかも」「やってみようかな」と多くの人が考えることができるでしょう。子どもも同じです。

それに「あの子」は概して未来志向です。「じゃあこうしよう」「こういう風にしてみたらどうかな」「うまくいかなかったら一緒に考えてみよう」と教師が寄り添うような問いかけができたとしたら、答えが見つからず萎縮するよりは少なくとも前には進んでいくことでしょう。

しかし、まだ教室で「あの子」に「なんで」「どうして」と見つけられない問いを投げつけていることがあるのではないでしょうか。

⑦「寄り添う」ことで駄目にする

ネガティブな行動に寄り添うことでその行動は却って増える。「あの子」に対する重要なセオリーの一つです。

親切で優しい先生。人間的に尊敬できる支援員さん。ときにそういう人たちが、子どもに寄り添わない方がよい場面で寄り添ってしまい、結果的にネガティブな行動を繰り返すというケースを見ることがあります。

自傷を繰り返す子どもに手厚いケアをし続けた先生がいます。自傷をすると、先生がよく話を聞いて、よく関わって、よく癒やしてくれるのです。その子は、自傷を繰り返しました。だって、そうすると苦手な雰囲気の教室から、合法的に教室の外に出て、先生が個人的に、濃密に関わってくれるからです。しかし、その子が自傷をしていない状態のときにはさほど関わりはありません。

いつしか、その子の「教室にいる」という意識は薄れ、その子は教室に入れなくなってしまいました。

寄り添うことは大切です。

心の声を聞くことは大切です。

弱っているときに、しっかり話を聞くことも大切です。

しかし、ビジョンのない不用意なカウンセリングがその子にとってマイナスに作用することがあることを教師は知っておくべきです。

同じパターンで繰り返されている子どものネガティブな行動に対して、教師が寄り添うことで逆にその子を駄目にしてしまうことがあります。

より望ましい、その子が安心している状態にこそ、より濃く関わっていく方がよいのです。

⑧学校にある「普通」「当たり前」「ちゃんと」「きちんと」が疑えない

「普通」や「当たり前」って、何でしょうか。「ちゃんとする」「きちんとする」ことの中に、子どもの幸せに必要なことではなく、実は教師にとって必要なことがあるのではないでしょうか。

例えば、ちゃんと座って1時間じっと話を聞く。これ、大人になって必ずしも必要なことなんでしょうか。少なくとも、私たち教師が仕事をする上で、1時間じっと座って話を聞くことは年に何回もありません。つまり、それは必要ではないことです。

そういうことが必要な仕事もあるでしょうが、そういうことが全く必要ではない仕事も多いと私自身は考えます。

学校というシステムの中で、普通にしていること、ちゃんとしていることで、つけることができる力というものがあることは理解していますが、それでもそのバランスの悪さに苦しくなってしまうことがあります。

そもそも「普通にする」「ちゃんとする」ことに対して何の疑いもなくそれが当たり前だと信じ込んでいる教師もかなり多いのではないかと思います。それは、私自身も含めて。日本の学校文化は、日本人のメンタリティに根ざしていて、皆が同じことを同じにできるようになることが望ましいとされます。もちろん、それが規律正しい学校生活につながっていることは否定しません。

しかし、同じようにはできない「あの子」を無理矢理型にはめてしまうものではないはずです。

画一的な教育に疑いを持ち始めた現代だからこそ、もう一度「普通」「当たり前」「ちゃんと」「きちんと」が、本当に意味があるものなのか、頭の片隅に、「本当にこれは意味があるのか」「これは、本当はどうでもいいことなんじゃないのか」と、眉につばをつけながら考えることが必要です。

そして、そう考えることが、今まで大切に思っていなかったことが、実はすごく大切にしないといけないことだということに気づくきっかけにもつながります。

⑨ 保護者に伝えること、伝えないこと

保護者に伝えること、伝えないことを見極めるのは難しいと感じます。この章は、全ておそらく自分が通ってきた道についてもえぐりながら書いているので、実は非常にしんどいのですが、特にこの項目はしんどいなあと思って書きます。（心の中に棚が作れないので、結構しんどいのです。）

担任が「その先生」だから困っていないことって結構あるのです。

子どもが「その年齢」だから問題にならないことも結構あるのです。

ただ、「気になるな」とか「大きくなってからその子が困るかな」と感じることもあるはずです。しかし、保護者にマイナスを伝えるのはこちらとしても抵抗がありますし、教師自身を批判的に捉えられることも少なくはありません。それでも、具体的にその子の困り感を象徴するできごとは伝えるべきだと思います。

小さい頃は良かったんだけどねえとか、あの先生のときは良かったんだけどねえというレベルの話で終わらせるのは、その子の幸せにつながりません。

逆に、生半可な知識を保護者に膨大に伝えることがマイナスに働くこともあります。あるとき、ＷＩＳＣの結果を分析してもらい、保護者に伝えたことがあります。その保護者

はそのときは、うんうんと聞いていましたが、キャパシティを完全に超えてしまったのでしょう。その後、完全にそっぽを向いてしまい、非常に辛い時期を過ごしました。

その後も似たような経験が何度かあり、保護者に伝える情報はよほどのことがない限り、本当に精査しないといけないと痛感したできごとでした。

伝えないといけない。けれど、伝えすぎてはいけない。その難しさを知りつつ、なお伝えられること、伝えるべきことは、その子のために伝えていく必要があると思うのです。

⑩「めあて学習」への疑い

「めあて学習」と呼ばれる学習の「型」があります。かなり多くの都道府県教育委員会で進められているようですが、この「めあて学習」が、子どもたちのためではなく教師のためのものになっていないかと考えています。

この「めあて学習」は、「学習の見通しが立つから特別支援に適している」学習スタイルであるという文脈で語られることが多いのです。

ただし、その見通しが「つかむ」とか「学び合う」という抽象的な言葉で語られるなら、その利点はかなり失われます。その言葉だけ見て「見通しを持つ」ことができる「あの子」はそんなに多くないでしょう。

また、あの子の特性は「見通しが持ちづらい」だけではありません。動き回る子、衝動的な子、関わりたがる子など、様々な特性を持った子どもたちがいます。

そして、そういう子にとって「めあて学習」は、かなり苦しいものになりがちです。最初の段階で分かっている子、知っている子には黙ってじっと待っていることを強いる。かなり長い時間、じっと話を聞いていないといけない。話したいけど、先生のタイミングでしか話してはいけない。（で、先生はずっと喋っている。）そういう学習になっていることがしばしばあります。

逆に1時間ずっと分からなくてじっとしているのに、話し合いなさいと言われ、どうしていいか分からず不適切な行動をしてしまって叱られる。「あの子」が苦戦する環境を、そんな「めあて学習」が作り出してしまっているのではないでしょうか。

そもそも文部科学省は「多様な教え方」を求めています。「待てない子」「動き続けていないとできない子」「ひらめく子」「すでに学習して知っている子」に合わせた学習の「型」もいろいろ試すことが望ましいのです。

例えば、気が散りやすい「あの子」や、見通しが立ちづらい「あの子」には、パーツ教材やユニット学習がフィットすることがあります。見通しが立ちづらいと言われる子も、ストーリー的なめあてが発展、連続していくような授業なら問題なく取り組むことができます。（だって、テレビアニメや面白い絵本の読み聞かせには没頭するでしょう。）

「学び合い」が多い授業なら、動きたい、関わりたい子は相当数救われるはずです。個で集中することが得意な「あの子」には、逆に静謐な一斉講義型の授業もそれはそれで「あり」です。

つまり、一つの学習の型に縛られず、様々な型を体験させて広げていくことが大切なのです。もちろん、「めあて学習」の全てがだめというわけではありません。最初に、何を学習するのか、その時間で何ができたのかを子どもと一緒に確認するという授業の根本的な部分。それを教師自身が学んでいくためにも、教員として勤め始めた最初期（人によりますが、1年目から5年目くらいまで？）にはある程度そういう学習の型を身につける必要もあるかもしれません。「そもそも何のために授業をしているの？」「いったい何を教えたいの？」と思える授業も存在するからです。

そう考えると、「めあて学習」を行うことは、めあての分からない授業をするより、その年の子どもの幸せにつながるでしょう。ただ、それはあくまでも限定的なものに過ぎません。

その限定的なものを子ども全員、そしてキャリアの異なる全ての教師に適用させ、型にはめていくことが、教室にいる「あの子」を困らせるにとどまらず、通常学級から別の学級に行かせる理由になるとしたら、それはとても悲しいことです。

⑪ 叱責できない先生

支援の考えが広がり、叱責することに躊躇する先生も増えてきました。そして、そもそも「子どもを叱ることができない」「子どもを叱るのがすごく苦手な先生」も増えてきたと感じます。

特別支援学級で少人数の関わりをしているなら、通常の学級に比べて叱責しなくてもよい場面は多くなるでしょう。しかし、通常学級では「あの子」の意図的ではない不適切な行動を、意図的に不適切な行動をしていると受け取る子どもがいることを意識しておかないといけません。

また、結果的に学級に必要なルールを示すことができないと、「集団の中で判断することが苦手なあの子」や「がじゃがじゃしている雰囲気がものすごく苦手なあの子」は、最終的にしんどくなることも頭の片隅に置いておいた方がよいでしょう。

そう考えると、叱責してでもルールをはっきりさせた方がベターな場合があります。もちろん、叱責ではない方法で教室の文化を醸成するのが上手な先生は、叱責をほとんどしないでそのルールやラインを示すことができますが簡単ではありません。「緊急避難的な対応」ということを、十分頭に置いておきつつも、必要な場合に叱る必要があります。

ただし、「叱責」は緊張を生みます。緊張は理解を妨げます。後に必ず落ち着いた雰囲気の中で、「何が悪かったのか」「次にどうすればいいのか」冷静に伝え、次にできたときほめることが必要です。それが無ければ叱ったことにはなりません。その「叱責」（のようなもの）は、思うようにならない教師の怒りをぶつけただけに過ぎないのです。

⑫ＴＴや支援員が必ずしも支援になっていないことがある

チームティーチングのＴ２の先生、支援員の先生が入ることで、逆にぎくしゃくしたり、がしゃがしゃしてしまう授業を見ることがあります。

静謐な授業展開の中で、その子が安心し考えることができている状態なのに、ちょっと分からなかったり、戸惑ったりしていると、「ここが自分の出番だ」と言わんばかりに、教師の一斉指導の声よりも大きな声での個別指導や「支援」が始まります。その瞬間、集中できない

「あの子」にとって大切な静謐さが失われます。またせっかく、その子が思考し、選択し、決断しようとしているのに、「教え」に入ってしまう。そういうシーンをよく見ることがあります。

その支援員の先生が主指導と切り離して1時間のその子の理解を責任をもってやってくれるのなら、それもありでしょう。しかし、その途中途中で、支援員の先生が必要だと思ったタイミングだけ関わることが多く、必ずしもそうはなっていません。

熱心であればあるほど、主指導よりも大きな声で説明し始めたり、子どもにとって必要でない、あるいは早すぎるタイミングで関わってしまったりすることが多いのです。またそういう熱心な先生には悪気がなく人間性も素晴らしい、優しくすてきな方が多いため、「関わりを減らしてください」と言いづらいのです。

支援が必要な子の多くが「シングルフォーカス」という特性を持っている以上、支援員の先生が関わりすぎると、主指導が入れ替わってしまいます。あるいは、教室の中に二つの指導系統ができてしまう「二軸」の状態になってしまい、混乱を生み出します。

主指導の流れや教室の雰囲気を感じ取りながら、支援が必要な子を見つけ出す。そして、支援していいいか、見守るべきなのかを見極めることができて、初めて本当に意味のある支援となります。支援に求められているのは、主指導の人間よりも高度な見極める力なのです。

実はそれはとても難しい。しかし、「見守る」という選択肢を持った支援員の先生に教室にいてもらえることで、目に見える支援がないようでも、その存在そのものが「重要な支援」として機能していることがあります。それでは支援の必要な子の学力は上げられないのではないかと思われるかもしれません。

ぼくの教室では、非常にありがたいことに、基本的に支援員の先生がよく理解してくださり「見守る」という行為を選択してくださいます。そして支援員の先生が関わるということは結局ほとんど無いのですが、日に日に子どもたちは落ち着き、学力が低かった子も確実に伸びていきます。また、「見守る」時間が長いため、支援員の先生が入る時間、入らない時間も特に変わりなく「いつもの」授業が継続されます。

「いつもと同じように」が、支援が必要な子にとってかなり重要だということはいまさら言うまでも無いでしょう。主指導の人間が最初から最後まで説明し、指示し、評価し、授業を終える。これが、やはり支援が必要な子にとって理想なのです。

そして、支援の先生は、主指導の先生ができない「特別な手立て」を打つためにいるのです。同じような説明をその子にするのではなく、教科書の字を大きくする。スモールステップに分ける。教科書の関係ないところを隠し、もう一度読むように小さな声で指示する。そう、まさしく「特別な支援」です。支援員の先生に求められているのは、決して寄り添うことや、主指導が行っているのと同じことを繰り返すことではありません。

また、特別なあの子がいないとされている通常の学級でも適切な支援は必要でしょう。低学年、特に1年生の入門期には、もっと支援に入った方がいいと感じることもあります。ただし、繰り返しますが、主指導の流れと子どものタイミングをよく理解した支援に限ります。

しかし、逆効果になっている例も残念ながら、多いと思います。

⑬主語が「自分が」の支援はいらない

ある研究会の協議会のときのことです。発表をした先生が、「板書の色を変えて工夫している」とおっしゃったのですが、その色を使って説明していたときに、薄い緑色が見えづらかった子が何人かいたようです。何色を使うか、というのは結構大切な問題なので「何人か見えづらいと言っていた子どもたちがいましたが……」と言うと、「いえ、研修を重ねています」「こういう風に色を分けると、子どもは理解しやすいんです」と言われました。

視覚的に文字が認識しづらいからそのような手立てをうっているのだと思いますが、子どもたちが自分の考えを書くワークシートには罫線がなく、ただ書くためのスペースが空いていただけでした。「罫線があった方がよかったような……」と言うと、「無くても大丈夫なんです」と。

私はその後発言することをやめました。たぶん、その先生は研修の中で「知らないこと」をたくさん教えてもらったのでしょう。「こんなすごいことやっています」という自信満々な顔でお話をされていました。

それに対して「すごいですねぇ」ではなく、「子どもにフィットしていないのでは……」という指摘をされたことがどうも受け入れ難かったようです。

必ずしもその子にフィットしていないにも関わらず「支援」をしている「自分」に満足している場合があります。特に、視覚支援のしすぎ、不必要なまでの構造化、必要のない支援をして本当に必要な支援（あるいは一般化）をしていない場合もあります。

そして、そういった支援の主語は「子どもが」「あの子が」ではなく、「私が」「自分が」だったりするのです。

⑭ 優しすぎる支援

安心できる環境は「あの子」にとって非常に大切なのですが、その一方で適度な緊張感も必要です。教師が優しすぎて、ルールがはっきり分からない「あの子」がいます。また、そのまま優しい支援を受け続けてその子自身の力が「伸びない」という状況も生まれます。全てが全て優しくする必要はありません。

教室の「あの子」は、人を「自分より上か下か」で判断しようとすることがあります。この人が上なら、従おう。この人が下なら、言うことを聞かせよう、あるいは優しくしよう。そう考えるようです。はっきりすっきり考えたい「あの子」らしい思考だと言えるでしょう。だから上級生や下級生との関係はいいのに、はっきり上か下か分からない同級生との関係は苦手なのです。

優しすぎる先生を「あの子」は、上と見なさないことがあります。教師が「上」だと示すことが必要です。

もちろん、上だと感じさせる方法は厳しくするだけではありません。技術が上がれば上がるほど、別の方法で上だと感じさせるようにできますが、その方法がないのに、ただただ優しくして上だと示せないことで、後々困ったことが起こる場合があるのです。

もちろん、威圧的な方法ですごく上であると示すことは避けるべきです。

叱責や威圧で示した「上」は、子どもに「恐怖」と「不安」と「緊張」を与え、別の不適切な行動につながるからです。

（南　惠介）

4　専門機関との連携

①薬を飲ませるための受診に意味はない

一部の現場の声をあげましょう。さすがに僕を指導に呼んでくださる学校ではこういうことはないのですが、本音として、こういうことが言われます。

担任の先生が必死になって子どものためにがんばっていても、なかなか成果が出ないことがあります。そうなると、管理職が、

「早くお医者さんに診てもらうように言いなさい。」

と言うときがあります。この言い方の本意は、

「医者に診断してもらって、薬をもらってくるようにそれとなく勧めなさい。」

ということなのです。

安易に薬を選択して良いのでしょうか？

教師は専門家ではないのですから、医者に診断してもらって次につながるようなアドバイスをもらうことは必要です。しかし、その専門医が日本にどれぐらいいるのか、知っていますか。とても少ないのですよ。しかも、心療内科の医者なら全員が発達障碍の診断ができるというわけではないのです。だいたい、発達障碍は線引きが難しいから「グレーゾーン」と言われてきたのです。医者にかかれば全て解決などということも、ありません。

そして、そのことと薬を頼ることは別問題であります。


全ての薬は毒でもあります。健康なときに飲むものではありません。まして、ADHDの治療薬のことを知っていますか？　僕もよく知りませんでしたから、いろいろな形で調べてみました。この本はそれを詳しく書く場ではないのですが、どこをどう調べても、薬を飲むことがその子にとってバラ色の人生を保障できるとは考えられないのです。

現在使われているADHDの治療薬には、大きく分けてコンサータとアトモキセイン・ストラテラの二種類があります。この二つは全く方向の違う薬です。簡単に言うと、心をダウンさせるものとアップさせるものです。

副作用の発生率は70～80％だと言われます。しかも、その副作用は100種類近くに上ります。

副作用といっても、ちょっとしんどくなるという程度の物ではありません。場合によっては、元の症状を悪化させる可能性もあります。それでいて、治癒させることはありませんから、飲み続けなければならないのです。元の症状が重くなる可能性があり、副作用のきつい常習性のある薬を、普通飲みますか？

一時的に抑える効果のあるだけの薬だということなのです。

考えてみてください。発達障碍は器質性の疾患ではありません。病原性の疾患でもありません。どちらかというと、性格や気質に近いものだと言われています。性格や気質まで変えることはできません。

例えば、神経質で細かいことばかり気にする性格を治すためにおおらかになる薬を飲み続けたとします。一時的におおらかでアバウトになったとしても、元の性格が変わるはずはありませんから、薬を止めればもとにもどるでしょうね。薬に頼るよりも、神経質な自分の生き方を見直して、それなりに楽しく暮らせるように工夫したり、神経質な面を活かして人生をおくろうとする方が、意味がありますよね。

薬で感情をコントロール（といっても、「コントロール」ではなく、抑制なのですが）するということは、自分でコントロールするトレーニングができないということです。本当に子どものことを考えるのならば、子ども自身が自分でコントロールできるように育てていかねばならないのではありませんか？

それから、同じ気質を持っていたとしても、その出方は環境によって大きく変わります。ＡＤＨＤの気質を持っている子たちが、全て攻撃的暴力的になるわけではありません。環境要因というものは、かなりの影響があります。穏やかで受容的な両親に育てられた攻撃的な子どもという場合ならば、薬という選択もやむを得ないかもしれません。

とするならば、薬を飲むことよりも、環境要因をいかにして変えていくかということの方が重要なことだと思います。

あるＡＤＨＤ児を持つ保護者はこう言っています。

「薬一つでその子がその子でなくなってしまう。」

重い言葉です。

これは、根本的な問題です。どの子も、自分で薬を飲むことを選択するわけではありません。

リスクの大きい薬を大人の都合で無理やり子どもに与えることに対して、腹をくくって、その子の人生を全て引き受ける覚悟がいるのです。

薬を選択するということは、とても重いことだということだけは、認識してほしいと思います。確かに、子どもが暴れる、暴力を振るって困るということはあります。教師も傷だらけになり、ほかの子どもたちをまもらなければならなくなります。

しかし、学校は教育を行う場ですから、教育の可能性というものを決して手放すべきではないと思います。


（多賀一郎）

5　障碍者だけのインクルーシブ教育なんてない

縁あって、こうぶんこうぞうさんという画家とお話しさせていただく機会がありました。GID（性同一性障碍）だとカミングアウトしている方です。

お話を伺っていて、冷や汗が出てきました。

「私が女の子と一緒にお花を摘んで髪に差して来たら、先生がほかの女の子には、『かわいいね。』

といったのに、私には
『気持ち悪い。』
と言いました。」
これ以外にも、教師の言葉による暴力の数々を伺っていると、自分もたくさんそういうことをしてきたなと心が痛みました。僕の教え子の中にもそういう子どもがいたかもしれません。でも、僕はそんなことを頭に置いて話をしては来なかったのです。

ある講演会で井上智さんというディスレクシア（読字障碍）の方の話を伺いました。すさまじい人生でした。ひたすら自分が文字を読み書きできないことをごまかして生きてきたのです。この方の話を聞きながら、僕のクラスにもいた、ひょっとしたらそうだったのじゃないかなと思わせる子どもたちのことが頭に浮かんできて、涙が止まりませんでした。
僕はその子たちをなんとかしようと、一生懸命、精一杯、指導しました。お母さんも感謝してくださっていました。でも、きっと僕は必死になってその子の自己肯定感を奪っていただけだったのだと気づかされたのです。

「教室のあの子」と言うとき、主に発達障碍の子どもたちのことを念頭に置きます。しかし、教室にはさまざまな学びにくい、暮らしにくい子どもたちがいて、場合によってはひたすらそのことを隠している場合もあるのです。

それだけではありません。教室には、日本語の分からない外国からの子どもたちが入ってきます。いろいろな国とのハーフの子どもたちもいます、はっきりと見かけがこれまでの日本人というイメージとは違う子どもたちが、教室にいるということです。

違いの見える子どもたちだけではありません。DVを家庭で受けているであろう子どもは、30人ほどの教室ならば、確実に一人はいると思った方がよいと、僕は考えています。

また、ＤＶによって親から離された子どもたちも教室にはいます。

そういう子どもたちのための施設に2回ほど講演に行ったことがあります。

親からひどい仕打ちを受け続けた子どもは、負のスパイラルに入っていて、ブラックホールのようになります。若い先生方はそういう子どもに寄り添い過ぎてブラックホールに引き込まれ、自分もつぶれてしまうことがあると聞きました。

そういう施設から通ってくる子どももいるのです。

貧困によって、本来持っている力を発揮できないままの子どももいます。能力のあるなし以前に、家庭での教育が全く放棄されてしまった子どもたちもいるのです。

そういうさまざまな子どもたちを全てインクルーシブするものでないのなら、インクルーシブ教育など何の意味もないと考えます。


（多賀一郎）

6　隠すことで解決するのか？

最後にとても難しい問題について、あえて話します。

昔から発達障碍の子どもたちは存在していました。僕が思い起こしても、「あれっ、この子、ちょっと変だな。」と思うような子どもたちはいましたし、何よりも僕だってほかの友達からそんな風に思われていた可能性が高いのです。

でも、このように教室において問題になったのは、ごく最近のことなのです。実際、増えているという実感を現場の先生方はみんな持っています。それに加えて、多くの人たちが「あの子」の存在をよく知らなかったということは大きいのです。

知らないということは、なかったことになることです。

報道でときどき無理心中や殺人事件などがニュースになります。その中に突然報道されなくなるということがありますね。こういうときは関係者に障碍のある場合が多いのです。人権に配慮して報道されなくなるのです。

僕は報道するべきだとは言いません。事件があって「あの子」が一人だけ残されてしまい、報道陣に囲まれた家の中で耳をふさいでうずくまっていたという話も知っていますから。曝すということは、ときには卑劣で人を傷つけます。

しかし、子どもの人生をはかなんで自ら命を絶つ方の思いが隠されてしまうと、第二、第三の同じようなことが繰り返されていきます。なんの対策もまともに考えられないからです。

つまり、「あの子」のことが原因で離婚して、子どもを一人で背負い続けている苦しさも、暴れる子どものこれからをはかなんでやむを得ず凶行に及んだ（それは全く容認しませんが）親の気持ちも、隠されてしまうことにより、社会的な解決方法が見えてこなくなるのです。

学校現場でも、いろいろなことを人権に配慮して隠さなければならないことはあります。曝してはいけないことはあるのです。

しかし、「あの子」に関することは全て隠すことが、「あの子」のこれからを考えるときに果たしてそれでいいのかという疑問を持つべきだとも思います。

例えば、ＡＤＨＤの子どもについて、ほとんどの保護者には理解はありません。レッテルを張ってはいけませんが、なんらかの形で理解をしてもらうことも、これからは必要なのではありませんか。

「親のしつけがなっていない。」

「あの親は、なんにも考えていない。」

としか考えてもらえない場合も圧倒的に多いのです。

「あの子」を育てる保護者の苦悩を同じ地域で暮らす保護者のみなさんに少しでも伝えられたら、「あの子」の将来にも少し明るい灯がともるのではありませんか。

何事もオープンにして話ができる状況になるのが最も理想ですが、なかなかそうはいかないのが現実です。

しかし、そういう土壌をつくっていこうと努力していくこともインクルーシブ教育の大切な使命なのではないでしょうか。


（多賀一郎）

第五章　きれいごと抜きの解決策

解決策は子ども一人ひとりを見ることからしか生まれない。そして、一人の教師の努力だけによっても生まれない。「どのように見るか」は、ある程度専門的な知識や理解が必要となる。

1　「あの子」は何に困っているのだろう

今まで説明してきたように「あの子」の不適切な行動には、背景があります。結論から言うと、「不安」と「緊張」、そして、それに伴う衝動だと私は考えています。

では、何に対する「不安」と「緊張」なのでしょうか。

《分からないこと》

・今していることがこれからどうなっていくのか、どこで終わるのかという見通しが立たない「不安」

・今やっていること（活動、作業、説明、場所、図や文字）が分からない「不安」と「緊張」

・これができなければ、この後自分はどうなってしまうのかという「不安」と「緊張」

・相手が何を考えているか分からないという「不安」と「緊張」

《我慢すること》

・じっとしていることに対する「緊張」

・ずっと黙っていることに対する「緊張」

《そもそもの不安》

・「こんな自分」がここにいていいのかという「不安」

上記のような「不安」や「緊張」を生活の様々な場面で感じていることが多いようです。

このような「不安」や「緊張」を子どもが感じていると思ったら、教師はその原因を和らげたり、取り除いたりすることが大切です。

（南　惠介）

2　問題が起こりづらい先生から学ぶ

①教師のタイプ、子どものタイプ

第二章で多賀先生が「ＡＤＨＤの子が二人もいる教室で何もできない」と書かれていますが、おそらくその教室で授業をすると、ＡＤＨＤ（注意欠陥多動性障害）の子はネガティブな行動をしないのではないかと思うのです。

その理由は後で述べますが、そもそも支援が必要だと言われる子にはタイプがあります。すごく簡単に言えば、「わくわく、ドキドキ」が必要なＡＤＨＤ系の子、そして、「安心感がほしい」自閉症スペクトラム系の子です。

そして、先生にも自閉症スペクトラム系の子どもとの関係づくりが得意な先生、ＡＤＨＤ系の子どもとの関係づくりが得意な先生、それぞれのタイプがあるのです。

例えば、自閉症スペクトラム系の子どもとの関係づくりが得意な先生は、「ゆったりしている」「優しくて穏やか」「指示、説明は明確だが、子どもを追い立てるような方法は使わない」「うまく子どもたちを見逃すことができる」「子どもに合わせて方法を変える」というような特徴があります。

簡単に言えば、「落ち着いていて、心地よい安心感を生み出す」のが得意な先生。

ＡＤＨＤ系の子どもとの関係づくりが得意な先生は、活動が多い、元気、笑いが多い、指示、説明が明確でテンポが速い。

簡単に言えば、「わくわく、ドキドキ」を作り出すのが上手な先生、明るくて活発な体育会系の先生です。

多賀先生は前者のタイプの先生だと考えます。話し方が落ち着いていて、表情の作り方も穏やかな、所謂「癒やし系」の先生です。その一方で「絵本の読み聞かせ」は、わくわくドキドキを感じさせる重要なツールとなっていて、それを補っています。結果、スペクトラム系の子も、ＡＤＨＤ系の子も救われるでしょう。

私は、明らかに後者です。その分、癒やす要素が少ないので、話し方や対応でかなり多くの工夫をしないといけません。このあたりの先生のタイプは、それまで関わってきた子どもたちと、自分が持っている育ち方も含めたそもそもの個性が背景にあると思います。

話し方や表情、活動の入れ方には、その先生のタイプがあります。そのタイプを知り、活かすこと、そしてそれを補うこと。この二つが重要だと考えています。

② 子どもの困り感を探る教師

専門的な知識はさほど多くはないと思えるのに、教室の子どもが不適切な行動を起こしづらい先生がいます。前述の、教師のタイプの問題がその一つ。教師の「あり方」とも言えるものです。そして、もう一つの条件は「子どもの困り感の背景を丁寧に探り、その対応方法を考える先生」です。

自分の方法に合わさせようとするのではなく、子どもの様子を観察しその子が何に困っているのかを探り、その子に合わせて方法を考え、提示し、許し、そして一緒に試そうとする先生。ただ、そうするためには教師にある程度の余裕が必要です。他の子どもがその子のために待つことができるような学級経営や、途中で授業プランを変えることができる授業構成力、あるいは、全ての子を授業に入り込ませる授業技術。そういうものが必要です。

右に書いたことは、文章にすると簡単なように思えますが、実際はすごく難しいのが現実で、何年もの積み重ねが必要です。だから、一部の先生にしかできないのもまた、事実です。

しかし、子どもの困り感に寄り添い、探ろうとすることは意識すれば少しずつできていくようにもなります。

そして、その子にあった解決策はそうやって試行錯誤している教師にしかうてません。

（南　惠介）

3　具体的な解決へのヒント

では、「今」それがうまくできない先生はどうすればいいのか。もちろん、セオリーはあります。ただし、あくまでも「その子」のための解決方法とはなり得ないこともあります。ですから「解決へのヒント」としました。

すぐ解決できる「魔法の杖」はありません。その子の様子を観察し、試し、積み重ねていくことが必要なのです。以下に紹介する方法は「それでいいかどうか」を常に問いつつ、その足がかりとしてこの「ヒント」をご活用いただければ幸いです。

① 教室の空気を作る

インクルーシブに向かう教室の空気とはいったい何でしょうか。その条件は、次の三つだと考えています。

・価値の多様化

・ルール
・適度な緩やかさ（その場はあきらめる）

(1) 価値の多様化

まず価値の多様化は必須です。「こうでなければならない」という学級ではなく、「これもい い、あれもいい」そして「それぞれ駄目なところ、苦手なこともあるよね」という価値。

そのためには、周囲の子の理解、そして配慮が「かぎ」となります。できないことは補い合えばいい。できることを出し合えば心地よい。そういう価値観を持った上での「配慮」。

多様化させると、いじめの原因の一つは減ります。なぜなら、近年のいじめのスタートは「異質の排除」だからです。多かれ少なかれ全員が異質であることを認めることで、いじめの原因が無くなるのですから。

(2) ルール

その一方で、ルールは必要です。学級をチーム化するために必要なのは、次の三要件です。
・居心地の良い集団であるためのルール設定と遵守

・情報の共有
・ゴールイメージの具体像の共有

インクルーシブに向かう教室も、それを目的としたチームと考えれば、右の三要件はそのまま当てはまります。そして、その中でも「ルール」は明確である必要があるのです。

何よりも、教室の「あの子」の多くは、できるできないは別にして「はっきりしないこと」をとても苦手にしているからです。

(3) 適度な緩やかさ

最後の三つ目は、特に重要です。何もかも理路整然と進むわけではありません。何もかもきちんとしてはいけません。

ルールは「ここから出たら駄目だよ」というラインのようなものですが、そのラインは緩やかな毛糸のようでありたいものです。ときに応じて、ゆるみ、形を変えていく。もしかしたら、見て見ぬふりをしないといけないこともあるかもしれません。そして、「その場のあきらめ」も大切です。

いつかはこうなってほしいけど、今はまだ仕方ない。そういう「緩やかさ」のようなものが、インクルーシブに向かう教室には必要だと思います。

最後に、通常学級の中でインクルーシブな集団を作っていくときに、大きく悩むのは、個を優先するのか、集団を優先するのかということです。学級づくりの初期の段階では、ある程度「集団を優先」した方が、教室の空気が作りやすいように思います。そして、途中から「個を優先」したケアをしていく。

ただ、これは学級の実態にもよります。だからこそ、毎年そのバランスに頭を悩ませるのです。見取りは、個だけで無く、集団にも必要だからです。

（南　惠介）

4　「あの子」を助ける手立てや技術

これまで色々な「あの子」や、解決のヒントについて述べてきました。ここでは、実際の現場で使う「あの子」を助ける手立てや技術を紹介します。「あの子」に合った支援がどんなものなのか、試しながら考えてみてください。

① 安心感を与える

「あの子」に必要なのは、まずは安心感です。では、どうすれば「あの子」は安心するのでしょうか。次のような環境を整えることで安心できることが多いようです。

(1) 視覚支援

必要な情報を絵や文字で示すことです。例えば、分かりやすい板書は重要な視覚支援です。視覚支援といっても難しく考えることはありません。

その日の学習内容を写真①のように板書するのも簡単で効果のある視覚支援となります。あるいは、写真②のように、これからするべきことを何かに端的に、そして具体的に書いて示すのも視覚支援です。

文字を大きくする、行間を多めにとる、フォントを変えるなどの方法は、ディスレクシア（読字障害）の「あの子」に有効な視覚支援となります。また、図や写真な

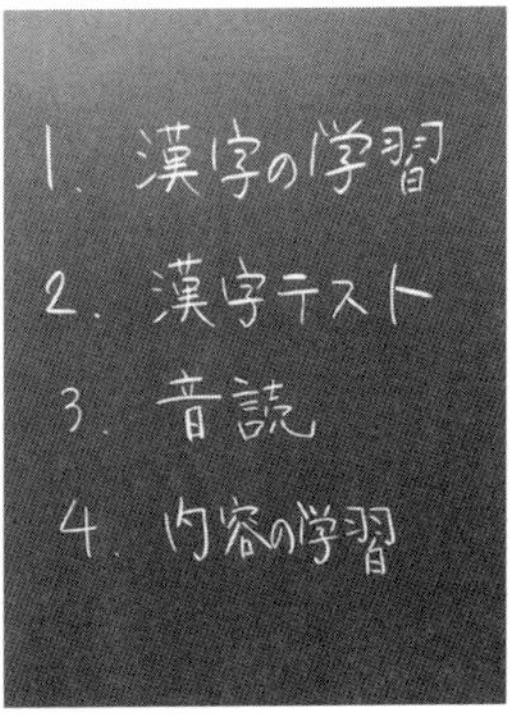

▲写真①
その日の学習内容

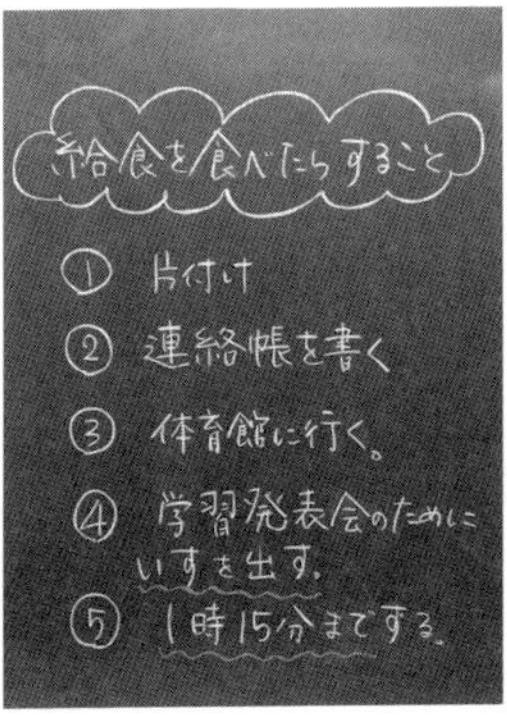

▲写真②
これからするべきこと

どを使って説明することも視覚支援になります。
視覚支援がかなりの頻度で必要なお子さんがいる場合は、教室に常にスケッチブックを置いてあります。簡単な絵や図を交えながら説明するのに、便利だからです。また、けんかなどのトラブルや、感情を理解できない場合にもよく使います。（写真③）
簡素化された表情を描くことで、「あの子」たちは相手の感情が理解できるようです。ですから、絵と言語が常にセットになっている絵本は視覚支援と言語の獲得に対して非常に有効な方法だと考えています。

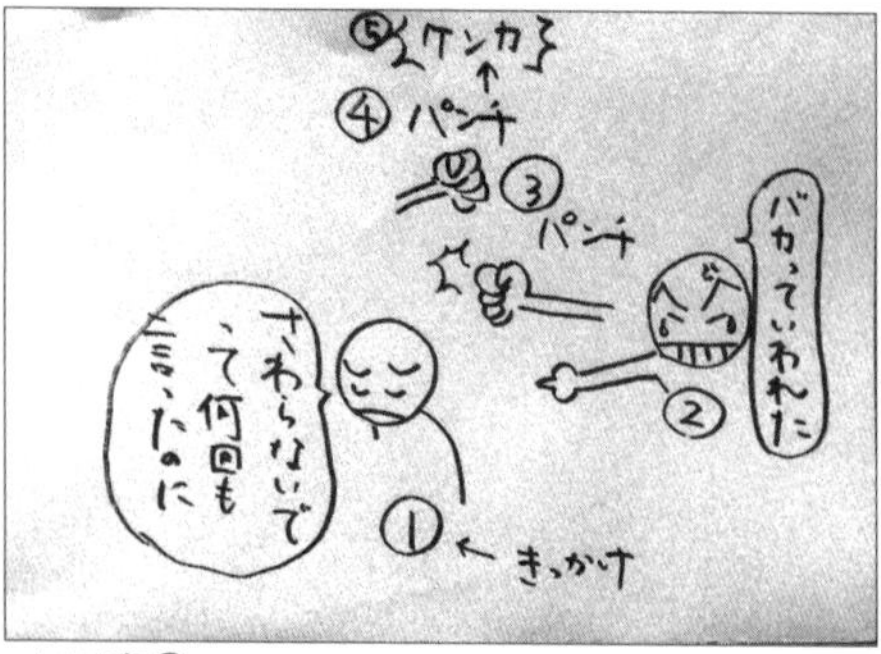

▲写真③
絵や図を交えながら説明

(2) 見通しを持たせるルーティーン

同じパターンで日常を過ごし、同じパターンで授業を行うのは、こだわりのある「あの子」を安心させるのに有効です。何から始まり、何をしたら終わるのか。見通しが立つからです。

その教科の最初は何をするか。いつも同じか。終わりの時間はきちんと守る。この二つが決まっているだけでも安心できる「あの子」は多いでしょう。毎回初めてのような感覚になってしまうこともあるので、「最初だけはいつも同じ」でも、かなり安心できるのです。「え、何するの?」「どうするの?」という言葉が減っていきます。

「終わり」が分かりづらいのも、「あの子」の特性の一つですから、○分になったら必ず終わるということが分かっていれば安心します。

ただ、そのルーティーンのパターンは増やしていく必要があります。例えば、次のようなパターンが考えられるでしょう。

○国語や算数の時間の最初の活動を固定する。

　国語なら、新出漢字の学習、音読、暗唱などから始める。

　算数なら、マス計算やフラッシュカード、100玉そろばんなどから始める。

○ユニットで学習する。

　国語なら、新出漢字の学習→漢字テスト→音読→内容の学習など、1時間をいくつかのユニットに分ける。

○流れを固定化する。

　課題の提示→自分で考える→相談タイム→発表→結果をまとめる（先生のまとめを聞く）

→練習問題を解く

○「学び合い」

課題の提示→話し合いで学習する→発表する→先生のまとめを聞く

○教科書の流れをスモールステップで学習する。

最初にどのページをするか予告して、それを細かい活動に分けて、学習していく。

年齢が上がっていくと、より物事は複雑化され、自分で判断しないといけないことは増えてきます。しかし、見通しのもととなるパターンをたくさん知っておくことでそれをベースに見通しを持つことができるようになる場合があります。それが、その子たちの困り感を支えることにつながります。

(3) 情報を絞る（視覚、聴覚）

情報が多いと、「あの子」たちは混乱します。下の図を見てください。この写真には、ＬＩＶＥと書かれていますが、どこに注目するかで見えるものは違ってきます。

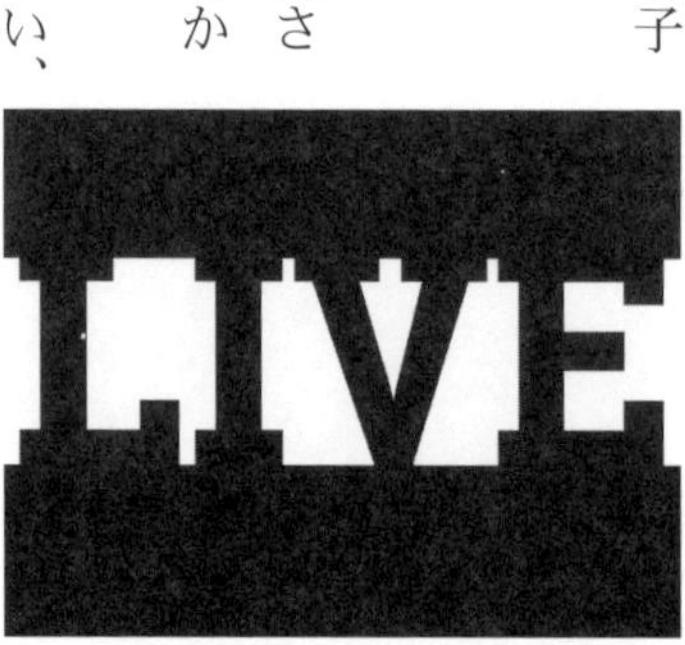

見るべき情報を「図」、気にしなくてもいい情報を「地」といい、

その何が大切かを判断してみることを「図地知覚」といいますが、それがものすごく苦手なのです。

必要な情報だけ示す。

あるいは、必要では無い情報は遮断する。このように情報を絞ることが大切です。（写真④）

そう考えると、「あの子」に効果があると言われる「構造的な板書」の中には、情報量が多すぎる板書もあるのではないかと考えることができます。

(4)「細分化させて教える」ということ

「あの子」たちに分かるように教えるためには「スモールステップ」の視点が必要です。例えば、「ノートに書く」をスモールステップに分けてみましょう。

1　机からノートを出す。

2　下敷きをノートの書くページの下に入れる。

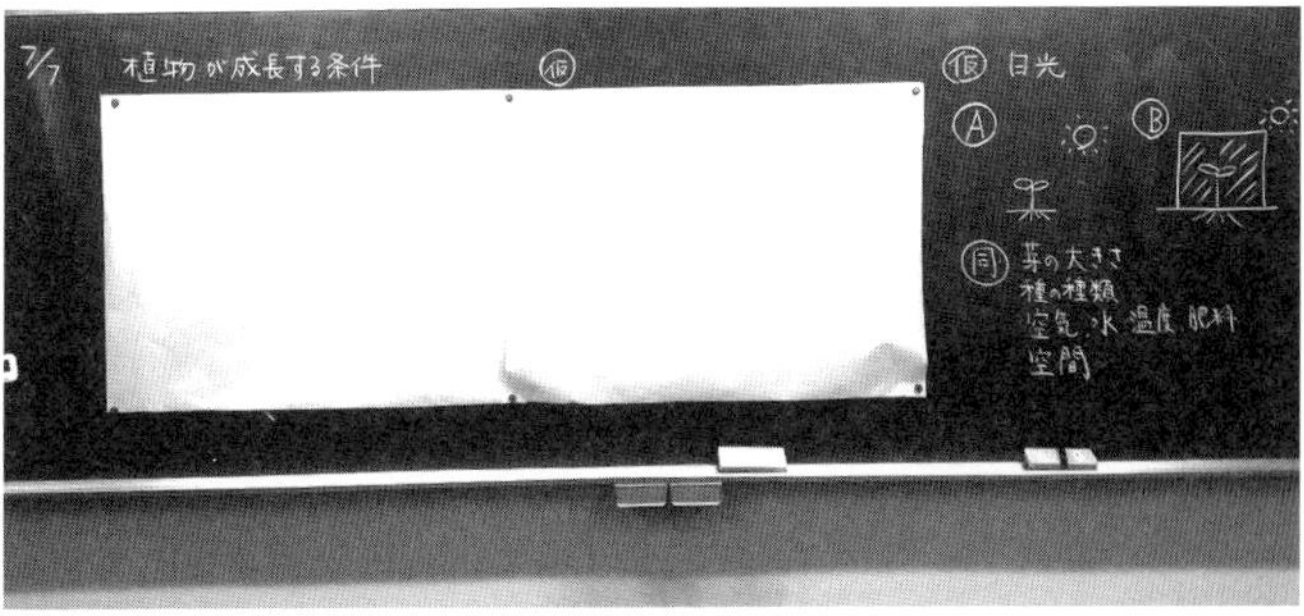

▲写真④
必要のない情報は紙で隠す

3　鉛筆を持つ。
4　どこから書くか、理解する（示す）。
5　書く。
簡単に分けても、右のように細分化することができます。もっと簡単に伝えてもできる場合もありますし、もっと細かく分けないとできないこともありますが、スモールステップは有効な教え方の一つです。

また、説明のときに、「具体的に」「短く」伝えることも大切です。子どもが分かりづらいな、という表情をしたときは、「ごめん」と言い直して、より伝わりやすい言葉を選び、短く伝える。そして、子どもが教師の言うことを「理解できた」と感じられることが大切です。多くの「あの子」は、多かれ少なかれ自信を失っています。少しでも自信をつけることで、「あの子」たちは少しずつ学びに向かっていきます。

(5) はっきりすっきりさせる

白か黒か。0か100か。「あの子」の考えることに、中間が存在しないことがあります。はっきりすっきりしないことは、「あの子」に不安を抱かせます。

教室の掲示、板書、机の上、口頭の指示……。何がどうなっているのかが、一目で分かるということが大切です。「あの子」に限らず、人は得る情報のほとんどを目から入る情報から得ています。なので目に入る情報はいろんなことをはっきりすっきりさせることが大切です。

実は、感情もすっきりはっきり分かるようにしたいのです。ひそひそ話や、にやっと笑うということにも「あの子」は敏感です。気づいていないようで、気づいています。そもそも「過敏」なのは、「あの子」の特徴ですから。

あの子が変な行動をしたり、不適切な言動を行ったとき、他の子たちがひそひそ。そこに、教師が乗っかっていって他の子たちに目配せをしようものなら、その子の居場所はもうその教室にはないのです。

そもそも、「あの子」は自分の多くの失敗から自信を失っています。周囲の評価を気にしていないようで、人一倍気にしているのです。その不安感がさらに不適切な行動を誘発します。

駄目なことは駄目と伝えてあげることで、その子の不安な気持ちはかえって和らぎます。

そして、それが不適切な言動を減らす原動力になるのです。

② スルーすること、関わること

関わると、その行動は強化され、繰り返される。大切なセオリーの一つです。「叱責」という本人にとって本来不快な方法だとしても、不適切な行動に対して、「関わる」ことには変わりません。

その行動に関わるから、その子はその行動を繰り返す。実は、単純な図式です。そういう場合は、関わらないことが大切です。スルーするのです。言い換えれば、教育的無視。

では、その不適切な行動を減らすためにはどうすればいいのでしょうか。

一日中、不適切な行動を繰り返す子はいません。一日のうち、適切な行動をしているときがあるはずです。しかし、適切な当たり前の行動に積極的に関わる先生はあまり多くありません。

「当たり前をほめる」「当たり前を認める」

当たり前の行動にこそ、注目し、積極的に関わりましょう。そうすることで、適切な行動もまた強化され、繰り返されるようになるのです。

③ 一緒にやる、モデルを見せる

具体像が描きづらい「あの子」。

具体的に伝えることが大切ですが、ときに言語では伝わりづらいことがあります。

では、どうすればいいのでしょうか。一番簡単なのは、一緒にやることです。

「見てて」といってやってみせる。その子の四肢をもって体を動かしてみる。（ただし、過敏な子には触ると緊張から体が硬くなりますし、当たり前のマナーを守ることは必要です。私の場合は「〇〇をもつよ」「背中に触るよ」と声をかけてから触るようにしています。少しでもいやな素振りを見せたら触らないようにします。）

また、よくできている子どもを「〇〇くん、よくできているね」と大きな声で紹介するのも良いでしょう。

子どもをモデルとして、提示するのです。「〇〇くんを見習いなさい」だと、「負けられないあの子」にとっては、不安を膨らませることにつながることがあります。「ちゃんと座る」をいくら言葉で伝えても、理解しづらい「あの子」も、モデルを見れば一発で理解し、自分もできることがよくあります。そして、できたら一言。

「いいね！」

そういう確認もまた大事なのです。

④ わくわくさせる・ドキドキさせる

わくわくさせるためには「楽しい授業」をすればよいのです。と、簡単に書きましたが、そう簡単ではありません。「楽しい授業」にするための、いくつかの視点を示したいと思います。わくわくさせるためには、子どもたちの予想をいい意味で裏切ることが必要です。簡単に予想が立つような問いでは、子どもはわくわくしません。

多くの子が二つに割れるような問いを投げかける授業。笑えるような面白い提示。びっくりするような写真。テレビによく使われるような手法は、教室でも活かされます。

授業だけでわくわくさせるのが難しいなら、ミニゲームを取り入れることも良いでしょう。授業の最初にじゃんけんゲームから始める。帰りの会のときに、3分で終わるゲームをする。そんな簡単なことでも、「あの子」たちは救われます。

また、「立つ」「座る」「動く」そういう動きを頻繁に行うことも有効です。そして、「あの子」にとって必要な「適度な緊張感」を与えることもできます。適度な緊張感があると、子どもは「どきどき」します。

⑤ 選択させること

選択肢を持たせることで、どうしたらいいか具体的に知らせることができます。「どうしたの？」という優しい声かけがその子にとっては、困惑させることにつながることがあります。

Ａか Ｂかという選択肢を与えましょう。白か黒か、０か100かで判断しがちな「あの子」ですから、できるだけ極端に違うものを提示した方が分かりやすいかもしれません。

また、選択肢を与えることで、教師の提示はより具体的になります。あの子もその場の感情で、不適切な選択肢を選んでしまうこともありますから、それを選ぶことでどうなるかという「未来」の話も同時にします。その上で選ばせる。

それでも、もしかしたらその不適切な方を選んでしまうこともあるかもしれません。でも、大きく迷惑をかけないなら、その選択を尊重してみてはどうでしょうか。自ら選んだ失敗も、その後の教師のフォローでプラスになることも多いのです。

今回の失敗を活かし、次にどうしたらうまくいくかを一緒に考え提示したり、励ましたりすることで、試行錯誤を志向しようとするかもしれません。

そして、そもそもその「挑戦」の価値を認め、「次はうまくいくかも」と勇気づけることも大切なフォローとなります。

⑥ 問題行動への対応

(1) あの子に対する対応

多くの教室で一番頭を悩ませているのは、問題行動とその対応でしょう。なんでそういうことをするのか？　と理解に悩むことも多いと思います。なんでを理解するにはまず問題行動の「前後の理解」が必要です。

原因がないのに、問題行動は起きません。報酬がないのに問題行動は起こしません。なぜ、そんなことをするのか。不快な「原因」、逆に快につながる「報酬（結果）」が存在することが多々あります。

例えば、周りからは理解できないけれど、その子はとてもいやだと感じることが実はあって、暴言を吐いてしまった。それならば、その子がとてもいやだということを、周りの子に理解してもらうことが、その問題行動を減らすためにまず必要なことになります。

「暴言を吐く」ことを禁止するだけでは、噴出したマグマにむりやりふたをするようなもので、またたまってくれば爆発するだけです。まず、そのマグマを沈静化することを考える。

そして、逆に不適切な行動をすることで、その後その子が得をする状況が常に用意されていないかを検証することも大切です。前述の例で言えば、自傷すると授業を受けなくてよくなり、別室でゆっくり話を聞いてもらえることが「報酬」になります。

「白か黒か」「勝ちか負けか」で判断しがちな「あの子」も多いので、どちらも少しずつ過失があるということを示すと良いでしょう。指で示すこともありますし、分かりづらい場合は、状況を示した絵を示し、Ａくんはいくつ悪くて、Ｂくんはいくつ悪い？と尋ねることも多いです。

問題行動が起こった場合は、まず、状況を把握することが大切です。理解できなかったり、周囲が気づかなかったりしても、原因が被害児童にある場合もあります。

そして、その上で教室全体で「正義を確認する」。駄目なことは駄目。はっきりさせることは、その子のためでもあります。ルールがはっきり分からないことは、ストレスなのです。そして、その後で「あの子」をケアします。まず安心して気持ちを聞くことからスタートします。そして最後は結局自分が損をすることを伝え、次に同じことがあれば具体的にどうするのかを伝え、するかどうかを「選ばせる」ようにします。

(2) 被害児童へ対するケア

まず大切なのは、全体に対して「これはいけないことだ」ということを伝えることです。被害にあったのに、「我慢して」ではその子たちは救われません。形だけでもごめんなさいと言わせることも必要になるかもしれません。まず、表面上の納得が必要です。

「した子」の気持ちに寄り添うことも大切ですが、やはり「された子」の心と体の痛みに寄り添う方が教室の環境を作る上では大切になります。その上で次に同じことが起こらないように最大限の努力をすることを約束する。それをできないかもしれないけれど、最大限の努力をする。できるだけ具体的に伝える。そしてできるだけ一生懸命やる。

教師のそういう姿を見ることで、子どもたちは少しのあきらめを持ちながら、納得をしていくのです。

席替えを頻繁にすることは、一つの方法として頭に置いておいた方が良いでしょう。先生が子どもの顔を覚えるのは大変かもしれませんが、問題行動に対処するよりは楽なはずです。

また、意図的に席を決めるのも良いでしょう。その子の困り感に理解がある子、その子の扱いがうまい子、その子をなんとなく癒やしてくれる子、その子の抑えがきく子たちを近くに配置するとうまくいくことが多いようです。

ただし、その子たちを「利用し続けない」ようにしましょう。当たり前のようにそういう役割を果たさせ続けない。「ありがとう」という感謝の気持ちと言葉も大切です。その子たちが不満を持ち、反発することで学級の雰囲気が悪くなることも多いのですから。

(3) 保護者に対するケア

保護者に対するケアは最も難しいものです。保護者には、学校の日常は見えません。一瞬のできごとだとしても、保護者が見たらそのできごとが学校の日常、いや、全てだと思われてしまうこともあります。なので、まず必要な情報はできるだけたくさん集め、起こったことの全貌を伝えます。

最近は、「発達障害」という言葉も知られ、その状況から何となく理解してくださる方もおられますが、表面的に理解しても、感情としては許せないと思われる方がほとんどでしょう。

ここでのキーワードは「誠実さ」と「展望」です。

誠実にできるだけの情報を集める。誠実にできるだけ真摯に説明する。そして、その上で次はこうしようと思いますと具体的な展望を示す。もちろん、それだけでうまくいくわけではありませんが、少しでも理解してもらえるように伝えるしかないと思います。

ただ、最大の解決策は、「あの子」を変えていくこと。

問題行動が起こらないようにするだけでなく、被害を受けた子から「あの子変わったよ」と言われるように変えていくこと。それが最大の解決策です。そのためには、日常的に「あの子」ができたこと、「あの子」の良さを学級全体に伝え、共有していくことが大切です。

そして、それが結果的に「あの子」の問題行動も減らしていくことにつながります。

⑦コツや手法はあっても魔法の杖はない

ここまで、様々なコツや手法を紹介しました。冒頭にも書きましたが、あくまでもヒントでしかありません。「あの子」の特性には特徴がありますが、それでも一人ひとり違います。そして、その特性に合わせた万能の方法なんてありません。魔法の杖は存在しないのです。

その子を見る、その子の困り感に合わせた対応の方法を考える、試す、確認する。その繰り返しです。もちろん、セオリーはありますが、それでも試行錯誤は必須です。

結果が出るのにも時間がかかる場合があります。1週間、2週間様子を見て、初めて効果があるかなと思う場合もあります。

そして、通常学級の中で他の子とバランスをどのようにとるか。ベストではなく最大公約数を探す。どうやって居心地のよい学級を作っていくか、どうやって「あの子」を伸ばしていくか。考え、試行錯誤を繰り返すこと。それが私たちの「仕事」なのです。

繰り返します。魔法の杖はありません。しかし、小さな積み重ねが奇跡のような変化を生み出すこともまた私たちは知っています。

（南　惠介）

5 「学び合う教室」の価値

ここ数年「アクティブ・ラーニング（主体的、対話的で深い学び）」という言葉が、教育界を席巻しています。私は「学び合う教室」がインクルーシブの実現に大きな役割を担っていると感じています。

待てないあの子、動き回るあの子、喋りたがるあの子、衝動的に話すあの子、関わりたがるあの子、こだわるあの子。

従来の講義型を中心とした学習では「問題だ」と感じるあの子の行動が、動き回り関わり合う「学び合う教室」では宝のような行動に変わるのです。

すぐ取り組んでくれる、動き回ってくれる、たくさん喋ってくれる、ひらめきで学習の質を高めてくれる、友達と関わり続けてくれる、こだわって学習を深めてくれる。

「学び合う教室」では、そのような行動が称揚されるのです。

そして、そういう多様な学びがある教室では、多様な価値が共存しやすくなります。まさしくインクルーシブな教室です。ちょっとくらい不適切な行動があっても、見逃すことができます。また、「あの子」に子ども同士が自由にアクセスできるようになります。大人の個別支援ではなく、子ども同士が個別支援し合うようになります。

そして、子どもに学習の主導権を預けるが故に、学習はシンプルになり、ストーリーも彼らが設定することにより、見通しも非常に立ちやすくなります。

もちろん、何もかもうまくいくわけでもなく、試行錯誤は確実に必要となるでしょう。しかし、講義型の一斉授業に比べ、子どもに学習の主導権を預けた「学び合い」の方が、「あの子」にとっても、先生方にとっても楽になるでしょう。

全ての「あの子」にとって「学び合う教室」が楽だとは限りません。従来のような一斉指導、講義型の授業、静謐な一人学習がフィットする「あの子」もいます。一人で学びたいという価値もまた大切にしたいのです。

それでも、「学び合う教室」にはインクルーシブ教育の大きな可能性を感じられるのです。

（南　惠介）

あとがき

私は、所謂「専門家」ではありません。

普通の人よりは少々詳しいとは思いますが、特別支援学級や特別支援学校にいたことがあるわけでもなく、何らかの資格を持っているわけではない「普通の」教員です。

ただ、教室の「あの子」が教室の中で多くの子どもたちと一緒に暮らせるようにする。その上でその子なりに伸ばしていこうという気持ちを持ち続け、あがき続け実践を続けている教員ではあります。

今回、そのような私に、インクルーシブについて書く機会を多賀一郎先生には与えていただきました。

特別支援は私にとって極めて「科学的」なものです。

メカニズムがあります。

「薬を飲むこと」についての是非は置いておいて、薬を飲むことによって改善すると考えられているということは、「科学的な」理解と「合理的な」方法で改善する可能性があると考えられているということです。

全国いろいろなところで、「あの子」に対する悩みを聞きます。

どの先生も悩みに悩んでいると感じます。

しかし、「あの子」と関わることで、教育の本質を知ることも多いと思います。

少なくとも、私の教室実践の根っこの一つに「特別支援教育」があります。

多くのヒントやコツを学び、子どもたちと試行錯誤してみましょう。

私と一緒に。

2016年8月、私は北海道に行きました。

若くして亡くなった先輩の仏壇に線香を上げるために行きました。

思いもよらず、残された先輩の奥さんから、お子さんの話を伺いました。

発達障害のお子さんの話でした。

先生から虐げられ、何とかしろと言われ、そして最終的に排除された話でした。

そして、その結果自信を失ったお子さんが家庭の中で暴れに暴れた話でした。「もういいのよ。でもまだこれでいいのかずいぶん悩んでいて」そう言い、涙を流しながら笑顔で話される先輩の奥さんの顔を見て、「お母さん、それでいいんですよ」と。私はもうちょっと頑張らないといけないなと改めて思いを強くしました。

ふと見上げると、先輩の遺影が笑って私を見ていました。「それを言ってほしくて呼んだんだ」と言っているような気がしました。明確な理由もなくただ1本の線香をあげるために「どうしてもいかなくちゃ」と思った衝動の正体が分かったような気がしました。

この本が多くの先生方の日常の教室を少しでも楽に、そして楽しく幸せにする一助となりますことを願っています。

いいえ、それ以上に、全国の苦戦している教室の「あの子」、そしてその後ろで彼らを一生懸命育てている保護者の皆さんの役に立つことを願っています。

南　恵介

著者紹介

多賀一郎

神戸大学附属住吉小学校を経て，私立小学校に永年勤務。現在，追手門学院小学校講師。元日本私立小学校連合会国語部全国委員長。元西日本私立小学校連合会国語部代表委員。若い先生を育てる活動に尽力。公私立の小学校・幼稚園などで講座・講演などを行ったり，親塾や「本の会」など，保護者教育にも力を入れている。

ホームページ：「多賀マークの教室日記」http://www.taga.169.com/

著書に『間違いだらけのインクルーシブ教育』『全員を聞く子どもにする教室の作り方』『多賀一郎の荒れない教室の作り方』（以上，黎明書房），『ヒドゥンカリキュラム入門』『国語教師力を鍛える』（以上，明治図書），『学校と一緒に安心して子どもを育てる本』（小学館），『女性教師の実践からこれからの教育を考える』（編著）（学事出版）など多数。

南　惠介

中学校，小学校講師での勤務を経て，小学校教諭となる。現在，美作市立勝田小学校教諭。人権教育，特別支援教育をベースとした学級経営に取り組んでいる。子どもたち一人一人を伸ばすための多様な学びのあり方について研究を進めつつ，試行錯誤しながら教室実践を積んでいる。

著書に『間違いだらけのインクルーシブ教育』（黎明書房），『学級を最高のチームにする！　365日の集団づくり　5年』『子どもの心をつかむ！指導技術　「ほめる」ポイント「叱る」ルールあるがままを「認める」心得』（明治図書），『国語科授業のトリセツ』（共著）（フォーラムＡ企画）など多数。

＊イラスト・伊東美貴

新装版《しんそうばん》　きれいごと抜《ぬ》きのインクルーシブ教育《きょういく》

2021年5月25日　初版発行
著　者　多賀一郎《たがいちろう》・南惠介《みなみけいすけ》
発行者　武　馬　久　仁　裕
印　刷　株式会社チューエツ
製　本　株式会社チューエツ

発　行　所　株式会社　黎《れい》　明《めい》　書《しょ》　房《ぼう》

〒460-0002　名古屋市中区丸の内3-6-27　EBSビル
☎052-962-3045　FAX052-951-9065　振替・00880-1-59001
〒101-0047　東京連絡所・千代田区内神田1-4-9　松苗ビル4階
☎03-3268-3470

落丁本・乱丁本はお取替えします。　ISBN978-4-654-02355-4
© I. Taga, K. Minami 2021, Printed in Japan

多賀一郎・南　恵介著　　四六・164頁　1900円

間違いだらけのインクルーシブ教育

混同されがちな特別支援教育とインクルーシブ教育の違いや類似点を明らかにし，徹底的な現場目線で，「間違いだらけ」のインクルーシブ教育について詳述。これからのインクルーシブ教育のあり方を実例を挙げ紹介。

多賀一郎著　　Ａ５・99頁　1600円

若手教師のための一斉授業入門

新型コロナの影響で対話的な授業が困難になった今，一斉授業が重要になってきています。本書は，一斉授業に不慣れな若手教師のために一斉授業の基礎・基本を実践的に解説します。

多賀一郎著　　Ａ５・126頁　1800円

危機に立つSNS時代の教師たち
生き抜くために，知っていなければならないこと

バカッター，ラインいじめ，ネチケット教育等，トラブルが多発するＳＮＳ時代を生きる教師が学んでおくべき子どもを取り巻くSNSの実状。

多賀一郎著　　Ａ５・141頁　1900円

一人ひとりが聞く子どもに育つ教室の作り方

名著『全員を聞く子どもにする教室の作り方』から７年。さらに進化した全教師待望の相手の話が聞け，「対話」ができる子どもを育てるための指導の手立てを詳述。著者による協同学習の授業の指導案も収録。

多賀一郎著　　Ａ５・154頁　2000円

改訂版　全員を聞く子どもにする教室の作り方

人の話をきちっと聞ける子どもの育て方を，具体的に順序だてて紹介し，その有効性が実証された前著をグレードアップ。「第13章　まず，教師が聞くこと」を追加し，第９章で紹介の絵本を全て差し替え。

多賀一郎著　　Ａ５・132頁　1800円

今どきの1年生まるごと引き受けます
入門期からの学級づくり，授業，保護者対応，これ１冊でOK

子どもの受け止め方や授業の進め方，学級づくりや学級通信・保護者会の工夫の仕方など，１年生やその保護者への関わり方をていねいに紹介。

※表示価格は本体価格です。別途消費税がかかります。

■ ホームページでは，新刊案内など小社刊行物の詳細な情報を提供しております。「総合目録」もダウンロードできます。　http://www.reimei-shobo.com/

関田聖和著　A５・133頁　1800円
専手必笑！　インクルーシブ教育の基礎・基本と学級づくり・授業づくり
インクルーシブ教育とは何か，インクルーシブ教育で求められることは何か，様々な子どもたちに対応する各教科の学習支援の手立てを紹介。

蔵満逸司著　A５・97頁　1700円
子どもを見る目が変わる！　インクルーシブな視点を生かした学級づくり・授業づくり
子どもの「好き」を大切にする学級づくりや，個を大切にする協同学習など，学級づくりと授業づくりで大切なことを10の視点で解説。

蔵満逸司著　B５・86頁　1900円
特別支援教育を意識した小学校の授業づくり・板書・ノート指導
すべての子どもの指導を効果的で効率的なものにするユニバーサルデザインによる学習指導について，授業づくり・板書・ノート指導にわけて紹介。

田中和代著　B５・97頁　2100円
新装版　ワークシート付きアサーショントレーニング
自尊感情を持って自己を表現できるための30のポイント
ロールプレイを見て，ワークシートに書き込むだけで，誰もが自分らしく，アサーションスキルを身につけられる本。小学生からすぐ授業に使えます。

レイチェル・バレケット著　上田勢子訳　B５・104頁　2400円
新装版　自閉症スペクトラムの子どものソーシャルスキルを育てるゲームと遊び
先生と保護者のためのガイドブック
社会的スキルが楽しく身につく，家庭や園，小学校でできるゲームや遊び。

青木智恵子著　A５・109頁　1700円
もっと素敵に生きるための前向き言葉大辞典
子育て，保育，教育，友人，恋愛，人生，ビジネス，介護，自分などに関する「後ろ向き言葉」を「前向き言葉」にどんどん変換！　自分もみんなも人生がポジティブになるマンガでわかる大辞典。

※表示価格は本体価格です。別途消費税がかかります。